Entspannungs-Training

humboldt
Ratgeber

Das chinesische Zeichen für Yang und Yin
Spannung und Entspannung
Äußere Kraft und Innere Kraft

Entspannungs-Training

Von Dipl.-Psych. Helmut Brenner

humboldt

humboldt-taschenbuch 430
Umschlaggestaltung: Christa Manner, München
Umschlagfoto: Heinz Flossmann, München
Zeichnungen im Text: Rita Timm, Bad Salzuflen
Fotoabbildungen im Text: Gertrud Brenner, Bad Salzuflen
Autorenfoto: Karl-Werner Jestädt, Greven

Die Forschungsergebnisse, die dem Inhalt dieses Bandes zugrundeliegen, wurden vom Autor in der Klinik Lipperland der BfA, Bad Salzuflen (Ltd. Arzt Dr. med F.-L. Schmidt), erarbeitet.

Druck: Presse-Druck Augsburg
Printed in Germany
ISBN 3-581-66430-5

4 * 88

Inhalt

Einführung

Die Menschen erflehen Gesundheit von den Göttern beziehungsweise Halbgöttern in Weiß. Sie haben verlernt, für ihre Gesundheit selbstverantwortlich zu handeln.

(frei nach Demokrit)

Spannung und Entspannung in der heutigen Zeit

Wir wollen mit zwei Fragen beginnen:
Warum, lieber Leser, lege ich Ihnen dieses Buch mit dem Tiefmuskel-Entspannungs-Training (TE) vor?
Weshalb wollen Sie dieses Entspannungs-Training erlernen?
Zur ersten Frage möchte ich Ihnen die folgenden Erläuterungen geben, die Ihnen für die eigene Beantwortung der zweiten Frage als Hilfestellung dienen können.
Psychische und psychovegetative* Störungen haben nach Experteneinschätzung 50–80% der Bevölkerung in den Industriestaaten. Sie gehören also keineswegs zu einer Minderheit, wenn Sie unter solchen Störungen leiden.
Leiden ist für fast jeden eine unangenehme Empfindung, die er zu verändern sucht. Der »kämpferische Typ bekämpft« seine Beschwerden, indem er noch mehr arbeitet oder sich andere Ablenkung sucht. Der »resignierende Typ« gibt sich seinen Leiden hin, will bedauert werden und sucht kindhaftes Beschütztwerden. Das

---

* Ich habe mich bemüht, fremdsprachliche Ausdrücke möglichst wenig zu benutzen. Die verwendeten Fremdwörter, die im Text nicht übersetzt sind, werden im Verzeichnis der Fachausdrücke auf den Seiten 153–154 erklärt.

sind die beiden Extremtypen. Es gibt jedoch weitere große Gruppen, etwa die »fortschrittsgläubigen Typen«, die der Auffassung sind, daß in unserem technisch-wissenschaftlichen Zeitalter alles ohne viel eigenes Dazutun machbar sein müßte. Von diesem Typ sind nach Auskunft der Deutschen Krankenversicherung 4 Millionen Menschen abhängig von Beruhigungsmitteln und 4 Millionen abhängig von Schmerzmitteln. Bei weiteren 8 Millionen Mitmenschen hat sich infolge der dauernden emotionalen und körperlichen Anspannung ein Bluthochdruck eingestellt, der meist medikamentös »bekämpft« wird.

Der »selbstverantwortliche Typ«, der nach den obengenannten Zahlen nicht sehr weit verbreitet zu sein scheint, fragt nach den Ursachen der Anspannungen und Spannungsleiden und bearbeitet die Ursachen. Er handelt auch sonst gesundheitsförderlich, indem er weitgehend natürlich (natürlich kommt von Natur) lebt und auf natürlichem Wege Entspannung herbeiführt.

Den letztgenannten Menschentyp habe ich vor Augen, wenn ich dieses Buch schreibe. Das Buch möchte ich denjenigen Mitmenschen widmen, die mehr Selbstverantwortung für ihre Gesundheit zu übernehmen bereit sind und die mehr gesunde Eigenaktivität entwickeln möchten.

Wenn Sie Verantwortungsbewußtsein für Ihre Gesundheit in sich spüren, Ihnen aber noch konkrete Hinweise und Anleitungen fehlen, werden Sie die entsprechenden Hilfen in diesem Buch finden.

Wenn Sie den Stellenwert der natürlichen Gesundheitsförderung noch nicht abschätzen können, möchte ich versuchen, Sie durch Argumente und Belege zu überzeugen.

Ich bin seit Jahren in der Rehabilitationsklinik der BfA in Bad Salzuflen im Rahmen der Gesundheitsförderung tätig und habe in dieser Zeit für die Einzel- und Gruppenarbeit mit den Klienten begleitende Effektivitätsuntersuchungen durchgeführt. In einer Untersuchung bei Herzinfarktpatienten habe ich diejenigen Klienten, die während der Rehabilitationskur gesundheitsfördernde Eigeninitiative in einer Gesprächsrunde und beim Entspannungs-Training gezeigt hatten (= Gruppe 2) denjenigen gegenübergestellt, die eher passive Rehabilitationsmaßnahmen wie Bäder oder Massagen vorzogen (= Gruppe 0). Nach 3 Jahren habe ich beide Gruppen nachbefragt und einige erstaunliche Ergebnisse erhalten: Die ehemaligen Patienten der Gruppe 0 hatten in 18% der Fälle in den letzten 3 Jahren einen Reinfarkt, das heißt einen zweiten Herzinfarkt erlitten; bei der Gruppe 2 waren es lediglich 2%. Von den Patienten der Gruppe 0 waren 10% verstorben, von der Gruppe 2 waren es lediglich 2%. Bei den ehemaligen Klienten der Gruppe 2 hatten sich die Einstellungen zu Streß und Konflikten positiv verändert, psychovegetative Störungen hatten stärker abgenommen und auch der Medikamentenkonsum war stärker zurückgegangen als bei der Gruppe 0. (Die medizinische Vergleichbarkeit der Gruppen ist durch eine zusätzliche Untersuchung von Dr. F.-L. Schmidt abgesichert.)

Die Ergebnisse zeigen, daß die Übernahme von Eigenverantwortung zu greifbaren positiven Ergebnissen führt: Krankheiten treten seltener auf, Leiden und Gesundheitsstörungen werden gebessert, der Körper braucht sich weniger mit der Beseitigung von chemischen Schadstoffen und Medikamentennebenwirkungen zu plagen.

Die gesundheitsförderlichen Resultate können selbst dann erzielt werden, wenn bereits eine ernste Erkrankung durchgemacht wurde. Aber muß es erst soweit kommen, daß der Organismus durch Herzinfarkt, Schlaganfall, Magengeschwür oder Krebs die Notbremse zieht? Ist es nicht sinnvoller und einfacher, seine Gesundheit selbstverantwortlich in die Hand zu nehmen?

Ich fragte zu Anfang nach Ihrem Ziel, welches Sie mit Hilfe dieses Buches erreichen wollen.

Wahrscheinlich haben Sie einige Befindensstörungen, wie innere Unruhe, Schlafstörungen, Kopfschmerzen oder Atembeschwerden genannt, die Sie mit Hilfe unseres Trainings beseitigen möchten.

Ich darf Sie nun bitten, auf Grund des bisher Besprochenen Ihr Ziel nochmals zu überprüfen und eventuell zu erweitern. Erstrebenswert ist sicher eine selbstgesteuerte Entspannung des ganzen Menschen.

In unserer geschäftigen Welt geht es häufig nur um Beseitigung von Symptomen wie z. B. Reizbarkeit oder Magendruck. Die »Maschine« soll einwandfrei funktionieren. Das Gesundheitssystem wird mit dem Begriff TÜV belegt, verschiedene Zeitgenossen vergleichen sich mit einem Auto, das mal eben repariert werden muß, wenn es nicht richtig funktioniert. Ich habe manchmal den Eindruck, daß wir mit unserem Automobil bedachtsamer umgehen als mit unserem eigenen Organismus. Wenn ein wassergekühltes

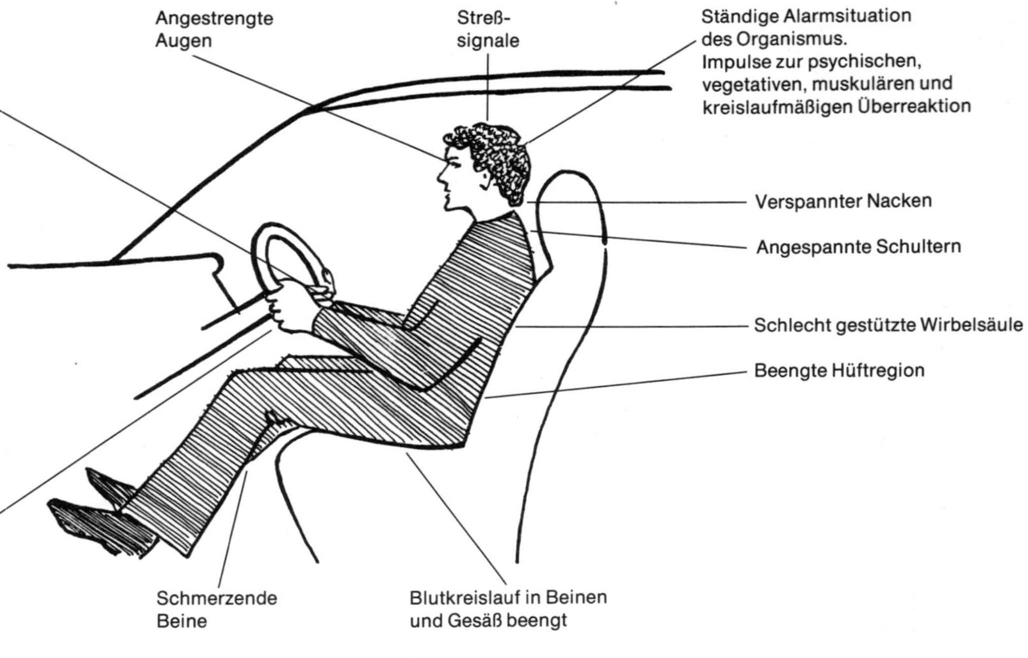

Abb. 1: Angespannte Autofahrerhaltung

Auto heißgelaufen ist, lassen wir ihm Zeit und Ruhe, um wieder abzukühlen. Wenn der Verstand oder die Emotionen heißgelaufen sind, handeln wir weit weniger vernünftig. Wir treiben die Selbstüberforderung weiter und lassen uns von anderen weitertreiben, so daß überdauernde Verspannungen und Krankheitssymptome die Folge sind.
Symptome sind immer nur Anzeichen und Äußerungsformen von tieferliegenden Ursachen. Symptome sind also nicht die Ursachen. Ursachen sind die Ereignisse und Erlebnisse, die den Symptomen vorausgegangen sind. Wenn wir zusätzlich zur gezielten Körperentspannung die Ursachen der Verspannungen mit bearbeiten, haben wir gute Aussichten, neben der momentanen Entspannung auch eine andauernde Entspannung zu erreichen. Bleibt die Ursache jedoch bestehen, werden wir bei den Entspannungs-Übungen bald das Gefühl bekommen, gegen Windmühlen anzukämpfen, weil immer neue Spannungsenergie nachgeliefert wird.
Ursachen von Spannungen können in vielen Bereichen liegen, auch in unphysiologischer Arbeitshaltung. Schreibmaschineschreiben ist eine solche Haltung, die besonders zu Verspannungen gerade im Schulter-Nacken-Bereich führt. Im Erlebnisbereich sind es oft Probleme und Konflikte, die, wenn sie nicht gleich oder bald gelöst werden, Spannungen und Verhärtungen in bestimmten Körperbereichen verursachen. Wenn die Anspannungen längere Zeit bestehen bleiben, verfestigen sie sich zu andauernden Verhärtungen von Muskeln oder Verengungen von Blutgefäßen.
Ein typisches Beispiel für eine häufige Spannungshaltung ist die Autofahrerhaltung des Zivilisationsmenschen (siehe Abb. 1).

In dieser Situation treten verschiedene Spannungsmomente gleichzeitig auf und verstärken sich gegenseitig.

- Die freie Bewegungsfähigkeit ist behindert
- Dauernde Muskelanspannungen führen zu Muskelverhärtungen
- Die unphysiologische Haltung führt zu Schmerzen (Rücken-, Kopf-, Beinschmerzen usw.)
- Die Blutzirkulation wird behindert
- Die natürliche Atmung wird behindert

- Das Nervensystem wird übererregt
- Das Nerven- und Drüsensystem gerät aus dem Gleichgewicht
- In dieser labilen Situation können diverse andere Gesundheitsstörungen leichter als sonst zum Ausbruch kommen.

Das Autofahren ist eine der häufigsten Beschäftigungen des Kulturmenschen. Es ist eine ungesunde Tätigkeit, könnte vom Organismus jedoch ohne Dauerschäden toleriert werden, wenn das Auto seltener und kürzer benutzt würde, bei längeren Fahrten mehr Pausen eingelegt und gezielte Entspannungs-Übungen eingesetzt würden. Das Tiefmuskel-Entspannungs-Training hat auch hier seinen festen Platz.
Um nicht nur das Spannungssymptom zu bekämpfen, sollten Sie das Auto sparsam und zurückhaltend benutzen und öfter auf den Bus oder noch besser auf das Fahrrad oder die eigenen Füße umsteigen. Sie können so einen doppelt positiven Effekt erreichen, indem Sie die in Ihrem Körper gestauten Energiereserven zur

Abb. 2: Beruflicher Alltag

Gesundung Ihres gesamten Organismus einsetzen und außerdem die kostbar gewordenen Rohstoff-Energiereserven schonen.
Im sogenannten modernen Menschen sind tatsächlich viele Energien ungesund gestaut, so daß immer häufiger die Ausdrücke »Ich platze gleich« oder »Ich explodiere fast« hörbar werden. Dieser Energiestau ist keine notwendige Folge der heutigen Zeit. Sehen Sie sich den Tagesablauf eines Büroangestellten an und ergründen Sie die Änderungsmöglichkeiten. Allein aus seinen Verhaltensgewohnheiten, was er tut bzw. nicht tut, können Sie sicher selbst schließen, welche Handlungsweisen die gesünderen sind. (Siehe Abb. 2.)

Unser Beispielsangestellter steht um 7.00 Uhr auf, macht eine flüchtige Morgentoilette, liest beim hastig getrunkenen Kaffee die Zeitungsüberschriften, damit er »informiert ist und keine Zeit verliert«. Um 7.30 Uhr geht er 20 Schritte zur Garage und fährt vom Stadtrand mit dem Auto in die Stadt. Die Fahrt wird täglich zur Belastung, weil die Straßen verstopft sind und fast immer ein städtischer Bus mit übelriechenden Dieselabgasen die freie Sicht versperrt. Um 8.00 Uhr beginnt sein Dienst. Er legt Wert auf Pünktlichkeit, kommt aber oft zu spät, weil die Straßen so voll sind. Er hastet zum Aufzug und wartet mit hochrotem Kopf auf »das Ding, das nie kommt, wenn man es dringend braucht.«
Endlich hat er es geschafft und sinkt in seinen weichen Polsterstuhl. Dieser hat Rollen, damit er für den Aktentransport nicht aufzustehen, zu gehen und zu tragen braucht. Er hat auch rechts und links von seinem modernen Schreibtisch weitere Tische postiert, damit er nicht so weit zu rollen braucht, wenn er etwas benötigt. Alle modernen Hilfsmittel wie Telefon, Rechner, Monitor hat er gut erreichbar aufgestellt. Er verläßt seinen Polstersessel nur, wenn er ein allzu menschliches Bedürfnis verspürt. Andere Bedürfnisse körperlicher oder gar psychischer Art mißachtet er. Der gesunde Ausgleich durch körperliche und psychische Aktivität und Entspannung kommt nicht zustande. Da er im betrieblichen Alltag immer wieder Ärger und Verdruß schluckt und die zur Auflösung des Ärgers bereitgestellten Energien nicht gebraucht werden, kommt es zum Energiestau. Unser Angestellter wird fahrig, konzentrationsschwach, nervös, verspannt, hektisch und fühlt sich am Abend total abgekämpft. »Die Arbeit macht mich einfach kaputt; die heutigen Arbeitsbedingungen sind grausam«, sagt er zu

seiner Frau, zieht sich mit dieser Entschuldigung auf einen noch bequemeren Sessel und hinter die Zeitung zurück. Er läßt sich von seinen Kindern abschirmen: »Papa hatte einen anstrengenden Tag und braucht seine Ruhe!« Wenn die Abschirmung nicht mehr funktioniert, wird der Fernsehapparat eingeschaltet und bei Programmschluß wieder ausgeschaltet. Beim Fernsehen sitzen alle still. Manchmal wird ein Satz in den Raum gestellt: »Ist die Sendung doof. Denen fällt auch nichts Gescheites mehr ein.«

Was Sie soeben gelesen haben, ist kein Phantasietagesablauf, sondern wurde mir so und ähnlich von Patienten des öfteren geschildert.
Hinzu kommen emotionale Momente mit negativen psychischen und körperlichen Auswirkungen, die von den Patienten meist weggelassen werden, weil sie von ihnen nicht gesehen und demnach auch nicht geäußert werden können. Dem außenstehenden Leser dürften die Fehlverhaltensweisen, Fehlinterpretationen und die vermeidbaren Spannungsmomente aufgefallen sein. Ich schlage Ihnen vor, den eben beschriebenen Tagesablauf nochmals durchzugehen und die gesundheitsgefährdenden Punkte dieses Tages durchzuzählen.

- Fehlverhaltensweisen: Hektik/Spannung . . . mal
- Fehlverhaltensweisen: Immobilität/Spannung . . . mal
- Fehleinstellungen/Fehlinterpretationen: . . . mal

Haben Sie beim Zählen bald kapituliert? Ich auch. Es sind wirklich eine Unzahl von Spannungsmomenten, die hier summiert werden müßten.
Dabei sind die meisten der hier zu Spannungen führenden Situationen nicht naturgegeben oder unumgänglich. Unser Angestellter schafft sich seinen inneren und äußeren Streß weitgehend selbst, indem er sich falsch, d. h. in unserem Zusammenhang ungesund, verhält. Natürlich fühlt er sich abends kaputt und abgekämpft. Es stimmt auch, daß die Arbeit ihn kaputtmacht. Jedoch ist es nicht die Arbeit als äußere Belastung, sondern die Art und Weise, wie er seine Arbeit organisiert, wie er sich im gesamten Tagesablauf fehlverhält und dabei immer mehr innere Spannungen anhäuft.
Erinnern Sie sich an die ungesunde Autofahrerhaltung? Es scheint, als ob der moderne Mensch diese gezwungen-bewegungsarme und

angespannte Situation immer mehr auf andere Lebensbereiche überträgt, indem er jeden Tätigkeitsbereich noch bewegungsärmer gestaltet. Warum reagiert er nicht umgekehrt und schafft einen gesunden Ausgleich durch Muskelbetätigung und gezielte Entspannung?

Die Antwort ist leicht: Vordergründige Bequemlichkeit ist im konkreten Einzelfall angenehmer als eigene Aktivität und eigenes Engagement. In der heutigen Zeit werden Aktivität und Engagement vorrangig eingesetzt, um Erfolg zu haben und mehr zu verdienen. Oft wird mit übermäßigem Ehrgeiz zu hoch gesteckten Zielen nachgeeifert. Das Verdienen zielt dabei weitgehend auf Geld und Sachgüter. Ideelle Verdienste, wie Zufriedenheit im Beruf oder Auskommen mit den Kollegen, sind unseren Mitmenschen zwar angenehm, weil sich auch dadurch das Sozialprestige erhöhen läßt, der aktive Einsatz dafür ist jedoch merklich geringer.

Kann ich mir meine Gesundheit verdienen? Diese Frage wird für manchen fremd klingen, der die Ansicht vertritt: Gesundheit hat man oder hat man nicht; wozu soll ich sie mir verdienen?

Unser moderner Mitmensch übersieht, daß er kein natürliches Leben mehr führt. Der Zivilisationsmensch muß sich tatsächlich durch gesundheitserhaltende Handlungen seine Gesundheit verdienen; nur so kann er körperliches und seelisches Wohlbefinden erreichen.

Es ist sicher leichter und auch effektiver, für die Gesundheit vorbeugend aktiv zu werden, als nachsorgend gegen Krankheiten zu kämpfen. Wer nur kurzsichtig auf momentane Bequemlichkeit schaut, sieht diesen übergreifenden Gesichtspunkt nicht. Der kopflastige Geistmensch bzw. Kopfmensch, der bei Günter Graß bereits bis hin zu »Kopfgeburten« hochstilisiert wurde, geht noch weiter und konstruiert einen Gegensatz von Geist und Körper, wobei Geist als hochwertig-gut und Körper als minderwertig-krankmachend angesehen wird. Dem Geist werden die besonders hoch geschätzten Kategorien zugeordnet: Bewußtsein, Denken, Wollen, Fortschritt, Perfektion, Zukunft. Dem Körper werden Kategorien zugeordnet, die weniger positiv getönt sind: Schmerzen, Fühlen, Behinderung von Fortschritt, Defekt, Gegenwart ohne Zukunftsperspektive.

Dem Körper wird also vom Kopf vorgeworfen, er habe keine gleichwertigen Fähigkeiten wie der Kopf, und er wird deswegen verurteilt. Eine ähnliche Situation läge vor, wenn ein Fabrikboß seinen Arbeiter dafür rügte, daß er keine Kalkulation und keine Bedarfsanalyse für das von ihm bearbeitete Teilprodukt erstellt hat. Ein Firmenoberhaupt, das sich so unangemessen verhält, wird bald den Konkurs anmelden müssen und die Gründe für seinen Bankrott auch verstehen. Ein Körperoberhaupt, welches so verfährt, wird seinen Bankrott auch erreichen, die Gründe dafür aber nicht bei sich selbst suchen. Die weiteren Unterschiede sind folgende: Für das Körperoberhaupt läßt der Zusammenbruch länger auf sich warten, weil der Körper eine Zeitlang eigene Regulationsmechanismen einsetzen kann. Der schließliche Zusammenbruch geht an die Existenz: Das Firmenoberhaupt erlebt den Konkurs, das Körperoberhaupt erlebt ihn nicht immer. Je stärker der Körper strapaziert wurde und je weniger die roten Warnlampen (= Zunahme psychovegetativer Symptome) beachtet wurden, um so verheerender sind die psychosomatischen Folgeerscheinungen.

Die Fehlfunktionen, die uns als Warnleuchten dienen können, sind in verschiedenen Ebenen angesiedelt und unterschiedlich gut wahrnehmbar. Die meisten Warnzeichen können leicht erkannt werden, wenn die Aufmerksamkeit gezielt auf diese Fehlfunktionen und Verhärtungen gelenkt wird. Wenn die Symptome in Abb. 5 (Seite 25) und im Spannungsfragebogen (Seite 28) nicht nur kurzzeitig auftreten, sollten sie als Warnleuchten betrachtet werden.

Mit diesem Vorgehen werden keine Hypochonder gezüchtet. Die Erfahrungen mit dem Tiefmuskel-Entspannungs-Training und mit dem autogenen Training zeigen, daß übertriebenes Beobachten und nachfolgendes negatives Überbewerten von Körperfunktionen in der Praxis kaum vorkommen. Es gibt natürlich den Herrn Heidenreich bzw. Herrn Leidenreich, den Karl Valentin so trefflich beschrieben hat. Herr Leidenreich kennt nur den negativen Aspekt der Befindensstörung.

Er kennt nicht den Gewinn an Wohlbefinden und Störungsfreiheit, den er durch ein Entspannungs-Training erreichen kann.

So bleibt ihm nur der Krankheitsgewinn, den er durch seine Befindensstörung erzielt. Der Krankheitsgewinn zeigt sich konkret in gesteigerter Aufmerksamkeit und Hinwendung der Mitmenschen zum eingebildeten Kranken. Molière zeigt in seinem Bühnenstück »Der eingebildete Kranke«, welchen despotischen Machteinfluß ein Herr Leidenreich auf seine Mitmenschen ausüben kann.

Die Gründe für Hypochondrie liegen weitgehend in fehlgeleiteter Bedürfnisbefriedigung und sollten von dieser Seite her angegangen werden. Das Entspannungs-Training kann dabei unterstützend eingesetzt werden. Die Hinwendung der Aufmerksamkeit zu Körpervorgängen sollte jedenfalls kein Ausschlußgrund für das Erlernen eines Entspannungs-Trainings sein.
Bei der Hypochondrie wird unbewußt Zuwendung von einem mitmenschlichen Partner gesucht. Bei anderen krankhaften Störungen stellt die Krankheit den zweifelhaften Vorteil dar, seelisches Leid weniger zu spüren, weil das seelische Leid durch die produzierte Krankheit überdeckt wird. Alexander Mitscherlich* fügt den Aspekt Freiheit hinzu: »Statt Leid wird in der Krankheit eine Freiheitsbeschränkung ertragen.« Einem durch Bettlägerigkeit Freiheitsbeschränkten wird mehr Zuwendung entgegengebracht als einem psychisch kranken, in seinen Depressionen eingeengten Mitmenschen.
Wer Zweifel an dieser These hat, versetze sich einmal in die übliche Gesprächssituation über einen seelisch belasteten Menschen. Hier fallen Worte wie »Der soll sich nicht so anstellen« oder »Der soll sich mal zusammennehmen«. Der psychisch Belastete sucht Hilfe und Zuwendung und findet vielfach Zurückweisung und Hilflosigkeit.
Welche Auswegmöglichkeiten hat er? Einmal die Flucht bzw. das Abdriften in die Krankheit, zum anderen mitmenschliche bzw. fachliche Hilfe und die Möglichkeit der gezielten Selbsthilfe.
Diese Themen können hier nur kurz angesprochen werden. Sie sind jedoch von Bedeutung, weil Flucht, mangelnde Mitmenschlichkeit und mangelnde Zuwendung vielen Krankheiten und Spannungssyndromen zugrunde liegen.
Ich wünsche mir, daß ich Sie zum Nachdenken und Handeln anregen kann. Eine Möglichkeit der Selbsthilfe wird Ihnen in Form des Tiefmuskel-Entspannungs-Trainings in diesem Buch vermittelt. Denken Sie beim Trainieren nicht nur daran, das Training als mechanische Technik zu benützen. Die zunehmende Entspannung, die sich mit Hilfe des Trainings einstellen wird, sollten Sie

---

* Alexander Mitscherlich: Freiheit und Unfreiheit in der Krankheit. Edition Suhrkamp, Frankfurt/M., 1977, S. 75

auch dazu verwenden, sich den Spannungsursachen besser und leichter stellen zu können.
Flucht in die Krankheit, um mehr Zuwendung zu erhalten, ist nur einer von vielen Aspekten, die bei der Ursachenanalyse von Bedeutung sein können.
Ich will Ihnen nun weitere mögliche Problem- und Konfliktbereiche nennen, die Ihnen eventuell als Anhaltspunkte bei Ihrer Ursachenanalyse dienen können. Ich lehne mich dabei an das Schema des Sozialmediziners Schaefer* an. Seine Rangordnung der Risiken hat den Vorteil, daß nicht nur ein Konglomerat von medizinischen Risikofaktoren nebeneinandergestellt wird, sondern eine Bedingungskette entsteht, in der Zusammenhänge deutlich werden (siehe Abb. 3 auf den Seiten 20–21).

Üblicherweise werden für Herzkreislauferkrankungen die folgenden Risikofaktoren genannt und ohne inneren Zusammenhang nebeneinandergestellt: Rauchen, Erhöhter Blutfettgehalt, Erhöhter Blutdruck, Erhöhter Blutzuckergehalt, Übergewicht, Bewegungsmangel; neuerdings wird der Begriff Streß noch hinzugefügt.
Solche Reihen wirken so endgültig, daß man leicht den Fehler macht, lediglich einen isolierten Risikofaktor zu behandeln und das Bedingungsgefüge zu mißachten. Es werden z. B. erhöhte Blutfettwerte (Stufe 7 in Abb. 3) mit blutfettsenkenden Medikamenten behandelt, und man mißachtet die eigentlichen Ursachen, nämlich Fehlverhaltensweisen und die gestörte Adrenalin- sowie Sympathikusaktivität (Stufen 5 und 6), die wiederum mit emotionalem Streß (Stufe 4) zusammenhängen (siehe Abb. 3).

Der emotionale Streß entsteht aufgrund psychischer und sozialer Belastung (Stufen 1–3). Einige Anhaltspunkte für die möglichen Ursachen finden Sie in den oberen drei Reihen des Schemas.
Wenn Sie die Ursache in beruflichen Schwierigkeiten (Stufe 2) sehen, sollten Sie diese Schwierigkeiten zunächst genauer bezeichnen und einen typischen Tagesablauf beschreiben, wie ich das für unseren Beispielangestellten auf den Seiten 13 bis 14 bereits getan habe.

---

* Hans Schaefer/M. Blohmke: Herzkrank durch psychosozialen Streß, Hüthig, Heidelberg, 1977, S. 176

Wahrscheinlich werden Ihnen dadurch die Gründe und Änderungsansätze für die Schwierigkeiten bereits deutlicher. Sollten Sie Ihre Schwierigkeiten mit den »unmenschlichen Verhältnissen im Arbeitsbereich und in der heutigen Zeit« begründet haben, so wird diese Erklärung mit »Gestörtes Sozialgefüge« (Stufe 1) gleichgesetzt. In einem solchen Fall ist im speziellen Sozialgefüge etwas in Unordnung. Das Sozialgefüge besteht aus dem Beziehungsgefüge zwischen einzelnen Personen; eine Person sind Sie selbst. Es ist zu fragen, wo die Störstellen liegen und durch welche Eingriffe sie zu verändern sind. Ihre persönlichen Anteile an der Störung sollten Sie an erster Stelle sehen, weil Sie diese durch eigenes Tun am ehesten ändern können.
Ihre eigenen gesundheitsschädigenden Risikofaktoren liegen in Verhaltens- und Persönlichkeitsstörungen (Stufe 1) wie z. B. aggressivem oder ängstlichem Auftreten bzw. in einer negativ gefärbten Lebenseinstellung. Die Störungen, die zu beruflichen und familiären Schwierigkeiten (Stufe 2) führen, sind sehr mannigfaltig. Der Übersichtlichkeit willen sollen nur einige Beispiele genannt werden.
Mit »sozialer Umbruch« (Stufe 2) sind gesellschaftliche, standesmäßige, räumliche und persönliche Veränderungen größeren Ausmaßes gemeint. Eine Ehetrennung, ein Berufs- oder Ortswechsel sind für jeden Menschen belastend und damit auch ein potentielles Gesundheitsrisiko. Eine nachfolgende Erkrankung ist jedoch unwahrscheinlich, wenn keine oder nur geringe Verhaltens- und Persönlichkeitsstörungen (Stufe 1) vorliegen. In solchen Fällen ist die Wahrscheinlichkeit geringer, daß Unzufriedenheit, Ärger, Angst, Depression, Aggression, Konflikte oder Sorgen (Stufe 3) auftreten.
Eine der eben genannten Befindensstörungen (Stufe 3) reicht aus, um Fehlverhaltensweisen und emotionalen Streß (Stufe 4) größeren Ausmaßes hervorzurufen. Wer in einer Konfliktsituation zum Alkohol greift, verdrängt das anstehende Problem und schädigt Leber und Kopf. Wer seinen Kummer durch vermehrtes Essen überdecken will, ißt sich Kummerspeck an (Stufe 5) und erhöht seinen Blutdruck, Blutfette und Blutzucker (Stufe 7). Diese Blutwerte werden nicht nur von der Nahrungsaufnahme, sondern auch hormonell und nervlich beeinflußt (Stufe 6). Über die Nebennieren werden nämlich die Streßhormone Adrenalin, Noradrenalin und

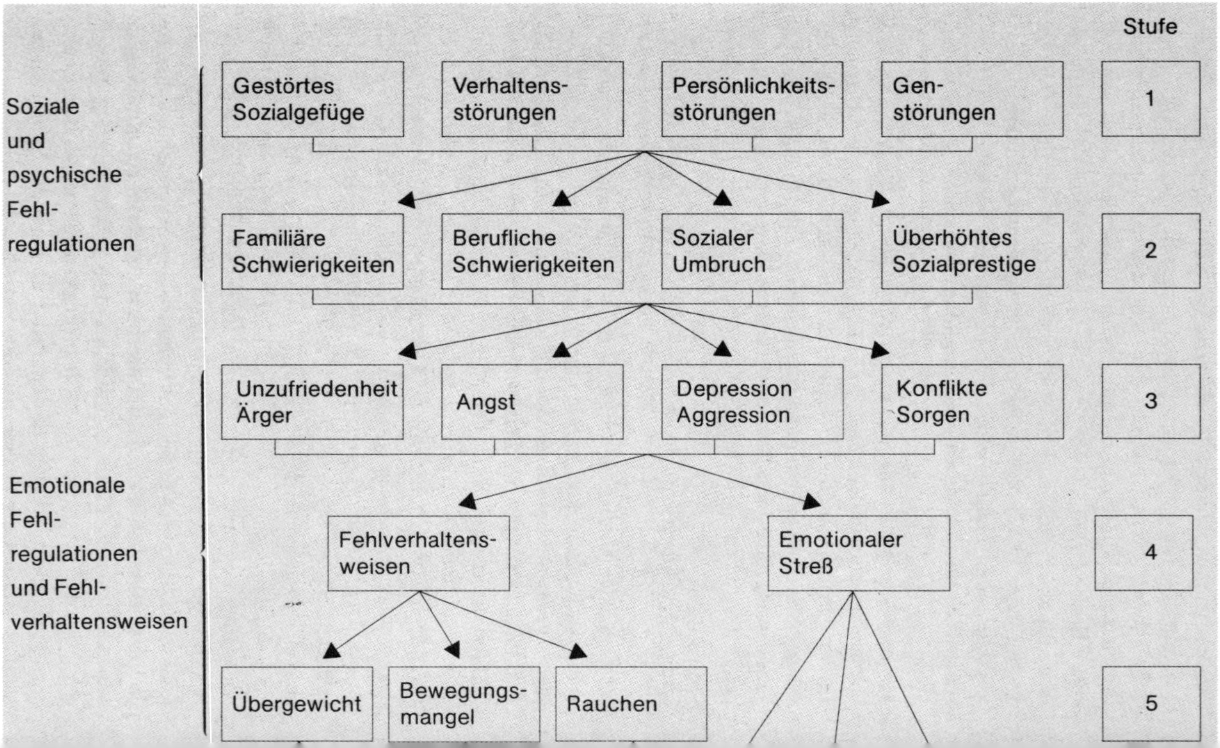
Stufe
Soziale und psychische Fehlregulationen
Gestörtes Sozialgefüge
Verhaltensstörungen
Persönlichkeitsstörungen
Genstörungen
1
Familiäre Schwierigkeiten
Berufliche Schwierigkeiten
Sozialer Umbruch
Überhöhtes Sozialprestige
2
Emotionale Fehlregulationen und Fehlverhaltensweisen
Unzufriedenheit Ärger
Angst
Depression Aggression
Konflikte Sorgen
3
Fehlverhaltensweisen
Emotionaler Streß
4
Übergewicht
Bewegungsmangel
Rauchen
5

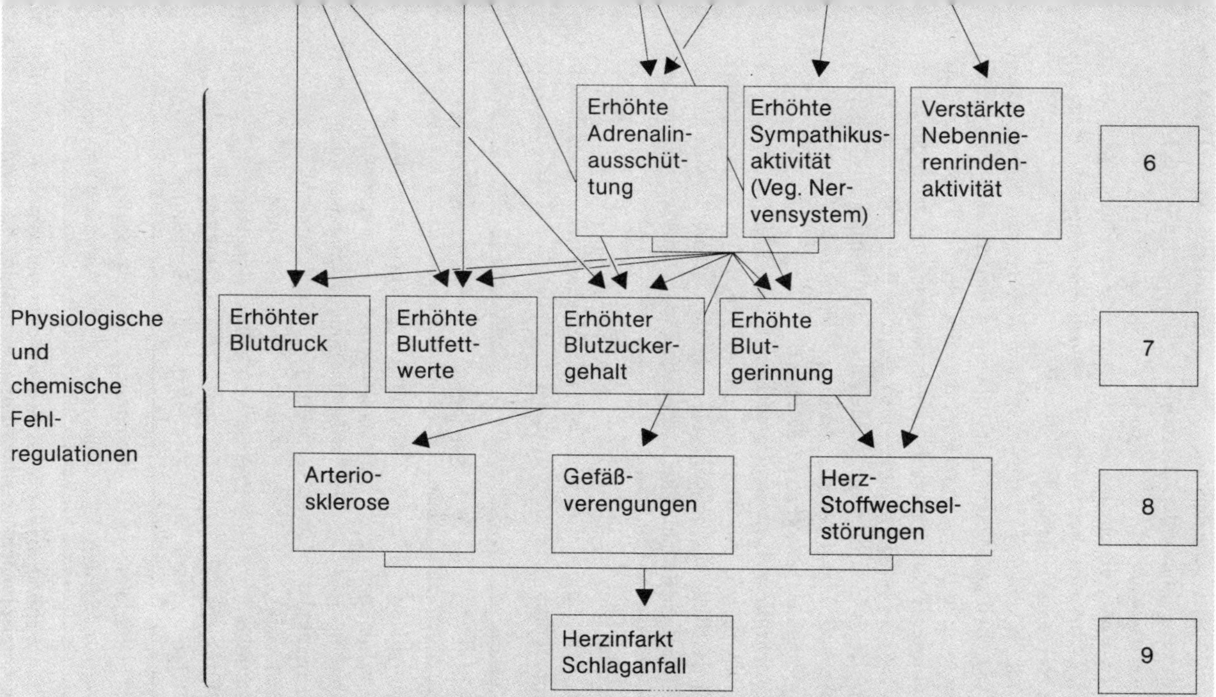

Abb. 3: Bedingungsgefüge der gesundheitsschädigenden Risiken

Cortisol ausgeschieden und in den Kreislauf geschickt. Die Körpervorgänge, besonders die Stoffwechselvorgänge, werden hormonell aktiviert.
Neben der hormonellen findet noch eine nervliche Aktivierung statt. Dabei wird besonders der Sympathikus-Anteil des Vegetativen Nervensystems aktiv.
Es folgen einige Erläuterungen zum Vegetativen Nervensystem (VNS), weil gerade das VNS neben den anderen Körpersystemen Spannungseinflüssen unterliegt, die mit Hilfe des Tiefmuskel-Entspannungs-Trainings abgebaut werden können. Das VNS ist das unwillkürliche bzw. dem Willen nicht unterworfene Lebensnervensystem. Von hier aus werden die unwillkürlichen Körpervorgänge wie Herztätigkeit, Atmung, Verdauung, Spannung-Entspannung usw. automatisch gesteuert.
Eine sensible automatische Steuerung hat die Eigenart, leicht störanfällig zu sein. So ist es auch beim Vegetativen Nervensystem, weil das Regelsystem von vorrangig aktivierendem oder anspannendem Sympathikus und regenerierendem oder entspannendem Parasympathikus sich stets gegenseitig auspegeln muß, um ein gesundes Gleichgewicht zu erhalten. (Vgl. Abb. 4.)
Die Erklärung, warum gerade die Magen-Darm-Tätigkeit vom Sympathikus gehemmt wird, ist folgende: Die Aktivierung der

	Sympathikus	Parasympathikus
Blutgefäße	Verengung	Erweiterung
Herzfrequenz	Beschleunigung	Verlangsamung
Atmung	Beschleunigung	Verlangsamung
Hormonausschüttung	Anregung	Hemmung
Blutdruck	Erhöhung	Senkung
Blutfette	Erhöhung	Senkung
Blutzucker	Erhöhung	Senkung
Blutgerinnung	Erhöhung	Senkung
Magentätigkeit	Hemmung	Anregung
Verdauung/Harn	Hemmung	Anregung

Abb. 4: Vegetatives Nervensystem mit dem aktivierenden Sympathikus-Anteil und dem regenerierenden Parasympathikus-Anteil

Körperfunktionen durch den Sympathikus hat den Sinn, den Organismus in einen erhöhten Aktivitätszustand zu versetzen, so daß er auch in extremen Belastungen, wie Kampf- oder Fluchtsituationen, angemessen reagieren kann. Die Beschleunigung der Herzfrequenz hat den Sinn, die körperliche Mehrarbeit bewältigen zu können; die Erhöhung der Gerinnungsfähigkeit des Blutes soll bei eventuellen körperlichen Verletzungen das Schließen der Wunden beschleunigen. In einer solchen extremen körperlichen Belastungssituation ist es nicht sinnvoll, daß zusätzliche Energien für die Verdauung bereitgestellt werden. In der Entwicklungsgeschichte hat sich daher der Mechanismus herausgebildet, daß in Alarmsituationen vom Sympathikus besonders die Funktionen angeregt werden, die zur Bewältigung der körperlichen Belastungssituation wichtig sind.

Der Organismus kann aber nicht zwischen körperlichen und seelischen Belastungssituationen unterscheiden. Dies bedeutet, daß auch bei jeder seelischen Alarmsituation die körperliche Aktivierung stattfindet. In jeder Streßsituation werden über Hormone und Sympathikus die in Abb. 4 angegebenen Prozesse in Gang gebracht. In keiner emotionalen Streßsituation ist dies sinnvoll. In der emotionalen Belastungssituation werden nämlich Energien aufgebaut und Stoffwechselvorgänge angeregt, die nicht gebraucht werden und bei länger andauernder Aktivierung den Organismus schädigen.

Das Gleichgewicht im Vegetativen Nervensystem ist eine ständige Forderung. Das ausgependelte Gleichgewicht kann sich jeder neuen Situation sofort anpassen. Die eigentliche Schwierigkeit liegt aber in der andauernden Streßbelastung, der damit zusammenhängenden dauernden Sympathikusüberaktivität und den daraus entstehenden Folgen wie Blutveränderungen, Magengeschwüren, Herzstoffwechselstörungen, Gefäßveränderungen und arteriosklerotischen Ablagerungen (Stufen 7 und 8). Oft muß es bis zum Herzinfarkt, Schlaganfall oder Krebs (Stufe 9) kommen, ehe die Betroffenen innehalten und aufgrund von Beschwerden, Leidensdruck oder Schmerzen erstmals über ihre Situation nachdenken, Ursachen suchen und Änderungswege zur Beseitigung der gesundheitsschädigenden Spannungen, Risikoverhaltensweisen und deren körperlichen Folgen erproben.

Ein früheres Gegensteuern auf Gesundheitskurs ist mit Sicherheit günstiger und gesünder.

Für eine Hinwendung zur Gesundheit und damit zur verbesserten Lebensqualität ist es aber nie zu spät. Selbst oder gerade wenn die verbleibende Lebensspanne kurz bemessen ist, ist es ratsam, auf Leben umzuschalten und nicht den verschiedensten Gütern hinterherzulaufen – und damit am Leben vorbeizulaufen.
Auch der Gesundheit sollten Sie nicht im eigentlichen Sinne des Wortes »hinterherlaufen«. Das tun viele verbissene Jogger, die auf mich mit ihren verzerrten Gesichtern den Eindruck machen, als liefen sie um ihr Leben. Das ist nicht der richtige Weg. Auch Krankheit und sonstige Gesundheitsstörungen sollen im ersten Schritt angenommen und nicht verdrängt oder ignoriert werden. Dann folgt die gründliche und ehrliche Erforschung der eigentlichen Ursachen. Der dritte Schritt ist die Überlegung, wie diese Ursachen anzugehen sind. Im vierten Schritt werden die Ergebnisse der Überlegungen in die Tat umgesetzt. Die Unterstützung durch einen verständnisvollen Partner wäre bei den einzelnen Schritten von Vorteil.

Wenn Sie bei Ihrer Krankheitsanalyse diese 4 Schritte gehen:

1. Schritt: Wahrnehmen und Akzeptieren der Gesundheitsstörung

2. Schritt: Gründliche Erforschung der Ursachen

3. Schritt: Analyse von Lösungsmöglichkeiten

4. Schritt: Ausführung der notwendigen Maßnahmen,

dann werden Sie Streß nicht nur mit Medikamenten und Bewegungsmangel nicht nur mit Laufen behandeln.
Das Entspannungs-Training kann helfen, die Durchführung der notwendigen Schritte zu erleichtern. In der Entspannung befindet sich das Vegetative Nervensystem und der ganze Mensch nämlich in einem ausgewogenen, ausgeglichenen Zustand.
Zusätzlich soll das Bedingungsgefüge der Risiken so weit nach oben verfolgt werden, bis Sie Ihre ursächlichen Risiken finden.
Mit Hilfe des Entspannungs-Trainings finden Sie dann den gewissen Abstand, der es Ihnen erleichtert, sich den Risikosituationen zu stellen, die den ständigen Spannungsnachschub liefern.
Die Spannungsfolgen zeigen sich im seelischen Befinden, im körperlichen Befinden, in seelischen Störungen, in körperlichen Störungen, in seelischen Krankheiten, in körperlichen Krankheiten.

Mit Hilfe des Tiefmuskel-Entspannungs-Trainings kann Spannungsbeseitigung bzw. Störungsentlastung für all diese Bereiche erreicht werden. Der Hauptansatzpunkt liegt beim Muskelsystem, genauer gesagt bei den willkürlichen Muskeln. Durch systematisches Anspannen und Entspannen werden Muskelspannungen gelockert. Durch das Einspüren und das Wahrnehmen von angenehmen Körpergefühlen kommt es auch zu einer seelischen Entspannung. Da alle Funktionen im Organismus miteinander verknüpft sind, breitet sich die Entspannung auch im Nervensystem, im Kreislaufsystem und im biochemischen System aus. Umgekehrt ist es genauso mit der Ausbreitung von Spannungen.
Wie können Sie feststellen, ob Spannungen in Ihrem Körper vorhanden sind?
Bestimmte Muskelspannungen können Ihnen anzeigen, daß sich der gesamte Mensch mehr oder weniger in einem Spannungszustand befindet. (Siehe Abb. 5.)

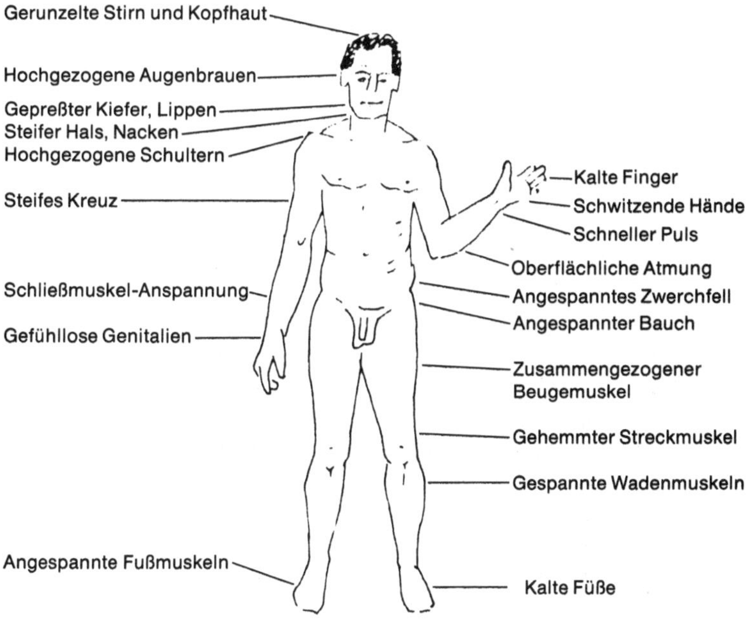

Abb. 5: Körperspannungen als Hinweis auf Gesamtspannung

Der Zusammenhang von schwitzenden Händen mit innerer Anspannung oder schnellem Puls mit innerer Erregung dürfte Ihnen bekannt sein. Weniger bekannt, aber sicher einleuchtend ist der Zusammenhang zwischen gepreßtem Kiefer und verbissener Anstrengung oder hochgezogenen Schultern und Angst bzw. Unsicherheit.

Auf die hier angedeuteten psychosomatischen Zusammenhänge werde ich bei den einzelnen Übungen noch zu sprechen kommen.

Das Ergebnis der umfassenden Spannungslösung stellt sich im Körper folgendermaßen dar (siehe Abb. 6):

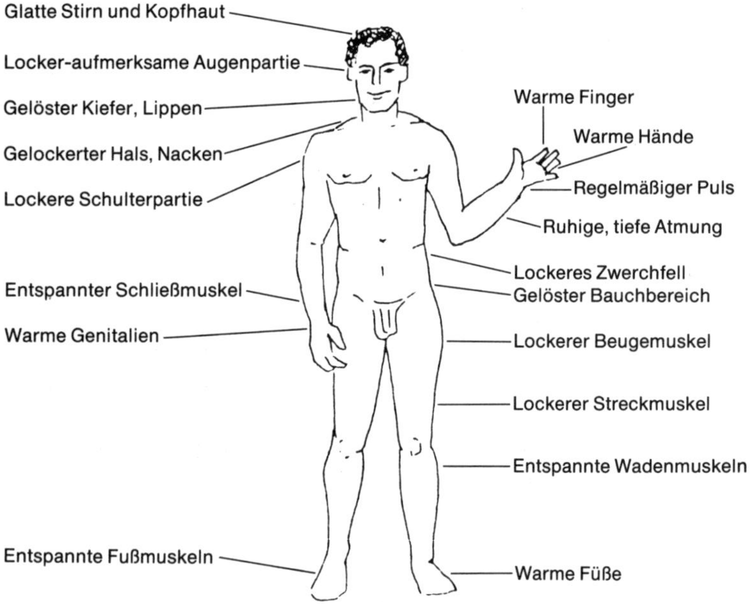

Abb. 6: Körpergefühle beim Tiefmuskel-Entspannungs-Training

Durch die Lösung der Spannungen in den Muskeln kommen die in der Abb. 6 näher beschriebenen Körpergefühle zustande. Muskelentspannung führt zusätzlich zur muskulären Entspannung zu einem umfassenden Gefühl von Entspannung. Dieses Entspannungsgefühl ist immer positiv getönt und hat daher auch positiven Einfluß auf das psychische Gesamtbefinden.

Dagegen sind Spannungsgefühle stets negativ getönt und wirken sich auf das Gesamtbefinden negativ aus. Das Wohlbefinden wird beeinträchtigt und psychische, psychovegetative und psychosomatische Leiden können sich leichter entwickeln. Selbst wenn nur eine Befindensstörung stark oder länger andauernd vorhanden ist, so ist die Wahrscheinlichkeit, daß andere Gesundheitsbeeinträchtigungen nachfolgen, recht groß. Ich erinnere in diesem Zusammenhang noch einmal an die Abb. 3 (Seiten 20–21).

Die psychovegetativen Störungen machen sich in den meisten Fällen zunächst als Muskelverspannungen im Schulterbereich bemerkbar. Später breiten sie sich auf weitere Muskelbereiche aus. Das Tiefmuskel-Entspannungs-Training kann hier gezielt ansetzen und die Muskelverspannungen und Muskelverhärtungen wieder ausgleichen. Wenn der Spannungsausgleich durch ausreichende Entspannung und Erholung nicht stattfindet, wird sich in den meisten Fällen die folgende Kettenreaktion ergeben:

Schulterverspannungen → innere Unruhe → Schlafstörungen → Konzentrationsschwierigkeiten → Reizbarkeit → Überlastungsgefühle → Aggressivität oder Depression oder weitere psychovegetative Störungen bzw. psychosomatische Leiden.

Welchen hohen Stellenwert das Entspannungs-Training für die Gesundheit hat, wird deutlich, wenn man die Ergebnisse neuerer Untersuchungen von Ärzten und Psychologen berücksichtigt, nach denen über 50% unserer Bevölkerung unter psychovegetativen Störungen größeren Ausmaßes leiden.

Spannungsfragebogen

Bevor Sie das Tiefmuskel-Entspannungs-Training einüben, möchten Sie sicherlich abschätzen, ob dieses Verfahren für Sie in Frage kommt und was es Ihnen bringen kann. Der folgende Spannungsfragebogen und sein Auswertungsergebnis können Ihnen bei der Beantwortung dieser Fragen helfen.

Spannungsfragebogen

Im folgenden finden Sie eine Liste von Leiden und Beschwerden. Kreuzen Sie bitte das jeweils für Sie zutreffende Feld an.

	häufig/ stark	selten/ manchmal	nicht/ niemals
1. Innere Unruhe	( ) 2	( ) 1	( ) 0
2. Reizbarkeit/Nervosität	( ) 2	( ) 1	( ) 0
3. Einschlafschwierigkeiten	( ) 2	( ) 1	( ) 0
4. Durchschlafprobleme	( ) 2	( ) 0	( ) 0
5. Starkes Schlafbedürfnis	( ) 2	( ) 1	( ) 0
6. Mattigkeit/Schwächegefühl	( ) 2	( ) 1	( ) 0
7. Abgespanntheit	( ) 2	( ) 0	( ) 0
8. Muskelverspannungen	( ) 2	( ) 1	( ) 0
9. Kreuz-/Rückenschmerzen	( ) 2	( ) 1	( ) 0
10. Zittrigkeit	( ) 2	( ) 1	( ) 0
11. Konzentrationsschwierig- keiten	( ) 2	( ) 0	( ) 0
12. Aufsteigende Hitze	( ) 2	( ) 1	( ) 0
13. Schweißausbrüche	( ) 2	( ) 0	( ) 0
14. Schwindelgefühle	( ) 2	( ) 1	( ) 0
15. Kopfschmerzen	( ) 2	( ) 1	( ) 1
16. Echte Migräne	( ) 2	( ) 1	( ) 0
17. Berufliche Sorgen	( ) 2	( ) 1	( ) 0
18. Private Sorgen	( ) 2	( ) 1	( ) 0
19. Seelische Konflikte	( ) 2	( ) 1	( ) 0
20. Angstgefühle	( ) 2	( ) 2	( ) 0
21. Schwere Träume	( ) 2	( ) 1	( ) 0
22. Krampfhaftes Weinen	( ) 2	( ) 2	( ) 0
23. Beklemmungsgefühle	( ) 2	( ) 2	( ) 0
24. Kloß-/Würgegefühl im Hals	( ) 2	( ) 2	( ) 0
25. Übelkeit	( ) 2	( ) 1	( ) 0
26. Herzschmerzen	( ) 2	( ) 1	( ) 0
27. Herzjagen/Herzstolpern	( ) 2	( ) 2	( ) 0
28. Kreislaufbeschwerden	( ) 2	( ) 1	( ) 0
29. Kalte Hände/Füße	( ) 2	( ) 1	( ) 0
30. Magenbeschwerden	( ) 2	( ) 2	( ) 0
31. Verdauungsbeschwerden	( ) 2	( ) 1	( ) 0
32. Atembeschwerden	( ) 2	( ) 1	( ) 0
33. Grübeln über die Krankheit	( ) 2	( ) 1	( ) 0

34. Wie verhalten Sie sich in Konfliktsituationen/bei Auseinandersetzungen?
   – im Betrieb: ....
   – zu Hause: ....
35. Welche Probleme belasteten Sie in letzter Zeit?
   ....

Auswertung

1. Addieren Sie die hinter Ihren Kreuzen stehenden Zahlen . . . Punkte
2. Bewerten Sie das Verhalten in Konfliktsituationen /bei Auseinandersetzungen nach folgendem Schema:
   a) Besonnene/überlegte Reaktion je 0 Punkte
   b) Erregte/hektische Reaktion je 2 Punkte
   c) Sich zurückziehende/aufstauende Reaktion je 4 Punkte. . . Punkte
3. Bewerten Sie jedes Problem je nach Belastungsstärke mit 1–3 Punkten
   a) etwas belastend je 1 Punkt
   b) belastend je 2 Punkte
   c) stark belastend je 3 Punkte . . . Punkte

---

gesamt: . . . Punkte

Bewertung

0–14 Punkte:

Sie können sich über Ihre relativ gute psychovegetative Stabilität freuen. Das Tiefmuskel-Entspannungs-Training wird bei Ihnen vor allem vorbeugende Wirkung haben. Sie können damit rechnen, daß sich die von Ihnen angegebenen Beschwerden bessern oder beseitigen lassen. Konsequente Einübung des Entspannungs-Trainings ist natürlich Voraussetzung.

15–29 Punkte:

Die Kettenreaktionen der psychovegetativen bzw. psychosomatischen Störungen finden bei Ihnen bereits statt. Sie sollten möglichst bald mit dem Tiefmuskel-Entspannungs-Training beginnen. Nach etwa 4–6 Wochen konsequenten Trainierens, verbunden mit gezielter Problembearbeitung, können Sie eine wesentliche Besserung bzw. die Beseitigung der Beschwerden erreichen.

30 und mehr Punkte:

Sie stecken bereits tief im Kreisprozeß der Verspannungen und emotionalen Belastungen. Sie sollten besonders aufmerksam die Ausführungen zu den psychosomatischen Wechselwirkungen lesen, die notwendigen Konsequenzen für die Problem- und Konfliktbearbeitung ziehen und in die Tat umsetzen. Daneben sollten Sie konsequent die Entspannungs-Übungen durchführen. Auch Sie können eine Linderung bzw. die Beseitigung mancher Beschwerden erreichen, nur wird dies länger dauern als bei den anderen Gruppen.

Ziele der Entspannung

Die Entspannungs-Ziele sind je nach Standpunkt und Sichtweise unterschiedlich. Die meisten Übenden sehen zunächst den Aspekt der **körperlich-muskulären Entspannung.** Diese Sichtweise wird durch den Namen des Verfahrens unterstützt. Tiefmuskel-Entspannungs-Training heißt tiefe muskuläre Entspannung. Tiefe Muskelentspannung wird meistens als Schwereerlebnis wahrgenommen. Bei Fortgeschrittenen kehrt sich dieses Gefühl in das paradoxe Gegenteil, das Schwerelosigkeits- bzw. Leichtigkeitserlebnis, um. Das Schweregefühl zeigt, daß das Ziel, die muskuläre Entspannung bestimmter Muskelbereiche, voll erreicht ist. Das Leichtigkeitsgefühl zeigt, daß die Muskelentspannung sich auf den ganzen Körper ausgebreitet hat.

Die Muskelentspannung ist allerdings nicht das einzige Ziel. Wichtige Ziele bei der körperlichen Entspannung sind die **Nerven- und Kreislaufentspannungen.** Bei der Kreislaufentspannung helfen die Lösungen der willkürlichen und unwillkürlichen Muskel- und Nervenanspannungen. Die Blutgefäße werden nicht mehr verengt, der Durchmesser der Adern vergrößert sich, das Blut kann freier fließen, und ein angenehmes Gefühl von Wärme tritt auf.

In der Entspannung wird die Durchblutung gefördert, kalte Hände oder kalte Füße werden warm, die eventuell behinderte Durchblutung in den Herzkranzgefäßen wird erleichtert.

Die muskuläre Entspannung hat auch lösenden und entkrampfenden Einfluß auf andere Körpersysteme und kann daher mit dem Ziel der **umfassenden, ganzheitlichen Entspannung** eingeübt werden. Mit ganzheitlicher Entspannung ist nicht nur die Entspannung des ganzen Körpers gemeint, sondern vielmehr die Entspannung des ganzen Menschen.

Diese ganzheitliche Entspannung wird in den asiatischen Kulturen seit Jahrtausenden durchgeführt. Für die meist meditativen Techni-

ken spielt das Körperzentrum, Hara genannt, eine wichtige Rolle. Hara ist der natürliche Schwerpunkt, der Balancepunkt im Körper, der etwa zwischen den Hüften, etwas nach oben verschoben, in der Mitte des Körpers liegt. In der Vorstellung der Asiaten geht von hier die Lebensenergie aus, die in Indien »Prana«, in China »Ch'i« und in Japan »Ki« genannt wird. Diese ganzheitliche Kraft hat Wilhelm Reich »Orgon-Energie« genannt. Er hat auch ein Instrument gebaut, welches diese energetischen Ströme aktivieren soll. Seine Gedanken und Vorschläge konnten sich allerdings nicht durchsetzen. Dem kopflastigen Europäer ist der Gedanke, daß Lebensenergien vom Bauch ausgehen sollen, schwer vorstellbar, sogar unangenehm. Vor allem die Nordeuropäer haben den Geist und den Körper strikt auseinanderdividiert, voneinander getrennt und den Geist als die eigentliche menschliche Qualität hochstilisiert. Der Unterleib wird durch zivilisatorische Zwänge verkleinert, der Geist-Kopf vergrößert. Überspitzt ausgedrückt, könnte nach 1984 ein Forschungsauftrag über Kopfgeburten vergeben werden.
Es ist uns zu wünschen, daß wenigstens die letzte Vorstellung Utopie bleibt und der Mensch sich wieder mehr zur ganzheitlichen Betrachtung des Organismus hinwendet. Das Entspannungs-Training hilft, diese geistig-körperliche Verbindung zu stärken und die psycho-somatische Ganzheit mit Leben zu füllen. Hierin sehe ich ein wesentliches Ziel des Entspannungs-Trainings.

Es ist eine Illusion, daß ein Auseinanderdividieren von Seele, Geist und Körper konkret möglich wäre. Vielmehr ist es so, daß um so mehr negative Körperempfindungen auftreten, je mehr ich die Ganzheit auflösen möchte. Negative Erlebnisse wie Ärger oder Aufregung werden dann in Spannungen und Muskelverhärtungen verkörpert. Wut führt dann zu Zornesfalten und Magen-Darm-Störungen. Konflikte führen zu verbissenem Kiefer- und Kopfdruck. Die Beispiele kann jeder für sich selbst fortsetzen.
Angst führt zu Beklemmungsgefühlen und Schulterverspannungen. Die Beklemmungsgefühle und die Schulterverspannungen sind Angst auf Körperebene. Ein ausgeglichener Mensch läßt eine solche negative Verschiebung auf den Körper nicht zu, weil eine solche Verschiebung negative Folgen für das ganze Individuum hat. Die negativen Folgen können sich als Unzufriedenheit, Schmerzen

und Verstärkung der Angst zeigen. Ein wirklich souveräner Mensch wird die Angst analysieren, eine emotionale Verarbeitung in Gang setzen und der Angst das Gegenteil von Angst, nämlich Freiheit, Vertrauen, Geborgenheit und Liebe entgegensetzen (vgl. Abb. 7).

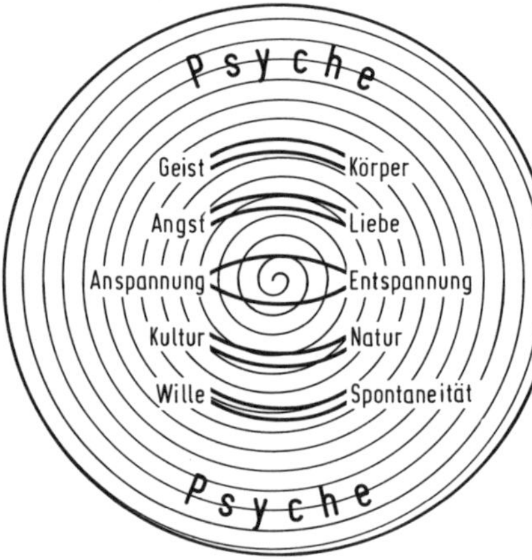

Abb. 7: Polarisierung der menschlichen Qualitäten im Regelkreis

Diese Darstellung ist sicher zu stark vereinfachend. Sie kann jedoch deutlich machen, daß bei vorwiegend rationaler Steuerung die körperlichen Grundbedürfnisse zu kurz kommen, der gesunde Ausgleich im Körper nicht stattfindet und nur die negativen Wahrnehmungen des Geistes in den körperlichen Bereich geschoben werden. Da sich jedoch alles im Regelkreis abspielt, kommt es mittelfristig zu Systemstörungen, also zu Krankheiten.

Gesundheit ist der Zustand der Balance zwischen den Ansprüchen des Geistes und des Körpers.

Gesundheit ereignet sich bei Ausgleich der Polaritäten, Krankheit ereignet sich bei Übergewicht einer Polarität. Krankheit ist die

Folge der Unausgewogenheit zwischen den Ansprüchen und Möglichkeiten des Geistes und des Körpers.
Das vereinheitlichende Bindeglied zwischen den Polen ist die Seele. Die stärkste Ausdruckskraft findet die Seele in den Gefühlen.
Bei unserem Entspannungs-Training werden wir oft von Gefühlen sprechen, weil wir durch Aktivierung des Gefühlsbereichs die innere Balance und damit die ganzheitliche Gesundheit fördern können.
Bisher haben wir Körpergefühle weitgehend als negativ erlebt, weil wir diese nur im Zusammenhang mit Gesundheitsstörungen beachtet haben. Beim Entspannungs-Training werden wir lernen, **positive Körpergefühle** stärker zu beachten und durch die positiven Effekte **Gefühle mehr zu akzeptieren.** Dies ist wichtig, weil negative Gefühle bzw. Spannungen die **Wahrnehmungsfähigkeit** im allgemeinen und die **Problemsicht** im besonderen beengen. Das Entspannungs-Training **erweitert den Horizont,** weil wir uns in der **angstfreien Entspannung** den Themen des Alltags leichter stellen können.
Entspannung wirkt auch entängstigend; der Hauptteil der Spannung ist nämlich körperlich verfestigte Angst. Unaufgelöste Angst führt zu Verspannungen, Verkrampfungen und schließlich zum Muskelpanzer. Der Muskelpanzer zeigt sich in verhärteten Muskeln, abgedrängten Gefühlen und verhärteten Lebenseinstellungen. Die Panzerung soll vor unangenehmen Gefühlen, hauptsächlich vor Angstgefühlen, schützen. Dieses Ziel wird durch die Abschottung auch teilweise erreicht. Der erzielte Sieg ist allerdings ein Pyrrhussieg, weil die Angst nicht beseitigt, sondern lediglich verschoben wird. Da der gesamte emotionale Bereich durch die Gefühlsmanipulation betroffen wird, können auch positive Gefühle immer weniger wahrgenommen werden, und es kommt im Laufe der Zeit zu einer emotionalen Verarmung.
Die eben gemachten Ausführungen sind für Sie von besonderer Bedeutung, wenn die Entspannungs-Übungen zunächst nicht den gewünschten Entspannungs-Effekt bringen, sondern Unruhe, Ängstlichkeit, Weinen oder Ungeduld auftreten sollten. Entspannung durchbricht den Muskelpanzer. Das hat zur Folge, daß die unangenehmen Gefühle, die vorher körperlich verfestigt waren, im Gefühlsbereich wieder spürbar werden. Falls solche Gefühle wahrgenommen werden, sollte dies für Sie kein Grund sein, mit dem

Training aufzuhören. Diese Gefühle können Ihnen vielmehr zeigen, daß wichtige Probleme bzw. Ängste noch nicht genügend verarbeitet sind.
Wenn Sie meinen, das sich aufdrängende Problem oder die Einstellung dazu nicht alleine lösen oder ändern zu können, sollten Sie dies mit psychotherapeutischer Unterstützung tun.
Das erste Ziel des Entspannungs-Trainings ist in diesem Fall die schrittweise **Auflösung der Gefühls- und Muskelpanzerung.** Zur Auflösung von objekt- oder situationsgebundenen Ängsten, wie Tier- oder Raumängsten, kann Ihnen das im letzten Teil des Buches beschriebene Programm zum systematischen Angstabbau Anregungen und Hilfestellungen geben. Das Entspannungs-Training muß allerdings eingeübt sein, bevor eine systematische Entängstigung durchgeführt werden kann.
Wenn Sie den Text bis hierhin aufmerksam gelesen haben, ist Ihnen bereits klargeworden, daß als Ziel von Entspannungs-Übungen nicht nur die körperliche Entspannung von Muskeln, Nerven und Kreislauf, sondern eine **Entspannung des ganzen Menschen** angestrebt wird. Da der Mensch nicht nur aus Körper, sondern auch aus Geist und Seele besteht, soll das Ziel der ganzheitlichen Entspannung stets vor Augen sein. Gesundheit ist das harmonische Miteinanderwirken aller Bereiche. Das Entspannungs-Training hat die Aufgabe, zur ausbalancierten Harmonie beizutragen.
Vergegenwärtigen Sie sich jetzt noch einmal, wodurch die Harmonie und damit die Gesundheit gestört und zerstört wird. Im Spannungsfragebogen (Seite 28) wurden die psychischen, vegetativen und körperlichen Störungen abgefragt, die die Harmonie stören oder bereits als Krankheiten zu bewerten sind. Mit dem Erkennen der manifesten Gesundheitsstörungen allein ist es nicht getan. Fragen Sie sich weiter, welche aktuellen Erlebnisse zu diesen Störungen führen und aufgrund welcher individuellen Lern- und Entwicklungsgeschichte diese Störungen zustande kommen konnten. Im Zusammenhang mit dem Bedingungsgefüge der gesundheitsschädigenden Risiken (Abb. 3, Seite 20–21) wurde diese Thematik schon einmal angesprochen.
Der nachfolgende Streßfragebogen mag Ihnen helfen, Ihre persönliche Situation weiter zu analysieren und das Bedingungsgefüge der gesundheitsschädigenden Risiken (Abb. 3, Seite 20–21) noch einmal neu auf Ihre Person zu beziehen.

Streßfragebogen

Kreuzen Sie bitte das für Sie zutreffende Feld an:	häufig	manchmal	nie
1. Ich bin schnell ungeduldig	( ) 2	( ) 1	( ) 0
2. Kollegen bezeichnen mich als ehrgeizig	( ) 2	( ) 2	( ) 0
3. Ich versuche mehrere Dinge zur gleichen Zeit zu tun	( ) 2	( ) 2	( ) 0
4. Ich muß mein Können anderen beweisen	( ) 2	( ) 0	( ) 0
5. Ich bin leicht erregbar	( ) 2	( ) 1	( ) 0
6. Ich fühle mich leicht in die Enge getrieben	( ) 2	( ) 1	( ) 0
7. Ich kann schwer »nein« sagen	( ) 2	( ) 1	( ) 0
8. Am Feierabend kann ich keine Ruhe finden	( ) 2	( ) 1	( ) 0
9. Freunde sagen mir, daß ich zuviel arbeite	( ) 2	( ) 1	( ) 0
10. Mein Lebensstandard ist mir wichtig	( ) 2	( ) 1	( ) 0
11. Es ist mir wichtig, was andere von mir denken	( ) 2	( ) 1	( ) 0
12. Vorwürfe verkrafte ich schwer	( ) 2	( ) 1	( ) 0
13. In Gegenwart eines Vorgesetzten bin ich unsicher	( ) 2	( ) 1	( ) 0
14. Ich habe Angst, Fehler zu machen	( ) 2	( ) 1	( ) 0
15. Ich arbeite in Wechselschicht	( ) 2	( ) 2	( ) 0
16. Ich bin geräuschempfindlich	( ) 2	( ) 1	( ) 0
17. Mein Tatendrang ist schwer zu bremsen	( ) 2	( ) 1	( ) 0
18. Ich fühle mich überlastet	( ) 2	( ) 2	( ) 0
19. Ich fühle mich wie ausgelaugt	( ) 2	( ) 1	( ) 0
20. Mein Lebensrhythmus ist gestört	( ) 2	( ) 1	( ) 0
21. Über meine Gesundheit mache ich mir Sorgen	( ) 2	( ) 1	( ) 0
22. Es fällt mir schwer, Ruhe zu genießen	( ) 2	( ) 1	( ) 0
23. Familiäre Schwierigkeiten belasten mich	( ) 2	( ) 1	( ) 0

Kreuzen Sie bitte das für Sie zutreffende Feld an:	häufig	manchmal	nie
24. Trennungserlebnisse belasten mich	( ) 2	( ) 1	( ) 0
25. Folgende weitere Streßsituationen belasten mich:	( ) 2	( ) 1	( ) 0

Auszählung

Addieren Sie die hinter Ihren Kreuzen stehenden Zahlen.

Bewertung

0–9 Punkte:

Mit Streßsituationen, die relativ selten bei Ihnen vorkommen, können Sie gut umgehen. Mit Ihren Mitmenschen und mit sich selbst haben Sie für sich zufriedenstellende Arrangements getroffen. Sie sind flexibel, können sich auf Ihre Mitmenschen und die Anforderungen des Alltags gut einstellen.

10–19 Punkte:

Sie sind streßgefährdet. Sie stehen zwar nicht unter Dauerstreß, haben aber immer wieder Streßmomente, wodurch die notwendigen Entlastungs- und Entspannungs-Zeiten zu kurz kommen. Sie sind genügend flexibel, um Arrangements mit sich und den Mitmenschen zu treffen und der Entspannung etwas mehr Raum in Ihrem Leben zu geben.

20–29 Punkte:

Ihre Streßmomente in den verschiedenen Lebensbereichen sind bereits so ausgeprägt, daß Gesundheitsstörungen psychovegetativer oder körperlicher Art aufgetreten sind. Das Entspannungs-Training kann Ihnen helfen, einen Teil des verkörperlichten Stresses wieder abzubauen. Davon abgesehen sollten Sie den Ursachen Ihres Stresses nachgehen, Änderungsansätze überlegen und in die Tat umsetzen. Auch hierbei kann Ihnen das Entspannungs-Training nützlich sein, weil in relativer Gelassenheit die in den Aussagen des Streßfragebogens angesprochenen Themen leichter angegangen werden können.

30 und mehr Punkte:
Sie leben in dauerndem Streß, Ihr Organismus befindet sich in einer ständigen Alarmsituation, chronische oder akute Gesundheitsstörungen machen Ihnen zu schaffen. Zu viele Lebensbereiche sind mit emotionalen Belastungen verbunden, so daß zumindest emotionale Entlastung dringend geboten ist. Sie sind wahrscheinlich schon so tief im sich selbstverstärkenden Spiralprozeß des Streß', daß psychotherapeutische Hilfe zur Auflösung des Streßstrudels anzuraten ist. Das Entspannungs-Training kann Ihnen eine gewisse Linderung und wichtige Hilfe bei der Aufarbeitung der problematischen Themen bringen.

Die wichtigsten Entspannungsziele:
Das unmittelbare körperliche Ziel des Tiefmuskel-Entspannungs-Trainings ist die Muskelentspannung. Überall dort, wo sich muskuläre Spannungen bemerkbar machen, kann muskuläre Entspannung hervorgerufen werden. Eine gut entspannte Muskelpartie wird als schwer wahrgenommen. Empfinden Sie ein Schweregefühl, haben Sie die tiefe Muskelentspannung erreicht. Häufiger und früher als die Schwerewahrnehmung wird eine verstärkte Wärmeempfindung bzw. Prickeln oder Kribbeln beschrieben. Diese Empfindungen zeigen, daß die Durchblutung in den entsprechenden Blutgefäßen gefördert wurde und die Entspannung der Blutadern stattfindet bzw. erreicht ist. In der Entspannung nimmt auch das Gefühl von innerer Ruhe und Gelassenheit zu. Diese Gefühle zeigen Ihnen, daß sich die Entspannung auch im vegetativ-nervlichen und hormonellen Bereich auswirkt.

Wenn alle genannten Körperbereiche entspannt sind, wird sich ein wohliges Ruhegefühl und zunehmende Müdigkeit bemerkbar machen. Auch diese Gefühle zeigen Ihnen, daß Sie tiefe Entspannung erreicht haben.

Ihr Ziel muß jedoch nicht immer die tiefe Entspannung sein. Oft reicht es aus, wenn die vorhandene Hochspannung auf ein mittleres Spannungsmaß zurückreguliert wird. Die Veränderung des Spannungsniveaus ist für einen Entspannungs-Trainierten später in jeder Situation möglich.

Tiefe Entspannung ist natürlich nur bei guten Ausgangsbedingungen erreichbar. Wenn Sie Entspannungs-Übungen durchführen, sollten Sie sich über den realistischerweise erreichbaren Entspannungsgrad im klaren sein.
Wenn Sie ein gemütliches Wochenende verbringen, können Sie in tiefe Entspannungsgefühle hineinkommen. Sind Sie in einem Streitgespräch, und Sie möchten die Situation nicht verlassen, können Sie durch sekundenweise Einstellung auf bestimmte Entspannungs-Übungen das jeweilige Spannungsniveau etwas senken. Das Spannungsniveau können Sie von vorneherein geringer halten, wenn Sie vor dem Streitgespräch einige Entspannungs-Übungen durchführen. Das jeweilige Spannungsniveau senkt sich schneller ab, wenn Sie nachher einige Entspannungs-Übungen durchführen. Entspannungs-Übungen können also verschiedene Funktionen haben, und zwar die der

1. **Vor**beugung, um entspannter schwierige Situationen bewältigen zu können

2. Spannungsreduktion **in** einer Belastungssituation und

3. Entspannung **nach** einer Anspannungssituation.

Unser Ziel soll sein, in jeder Situation Entspannungs-Übungen durchführen zu können. Die erreichbare Tiefe der Entspannung hängt von den Ausgangsbedingungen ab. Je nach Ausgangssituation sollten Sie sich erreichbare Entspannungs-Ziele setzen.
Neben der kurzfristigen Entspannung werden Sie langfristig feststellen, daß der hohe Spannungsgrad, den Sie von früher her kennen, nicht mehr zustande kommt. Selbst wenn Sie sich auf eine erwartete Spannungssituation nicht entspannend vorbereitet haben, wird das Spannungsniveau bei einem Trainierten niedriger als bei einem Untrainierten sein.

Selbstgesteuerte Entspannung

Zur echten und tiefgreifenden Entspannung gehört die gezielte Selbststeuerung. Lediglich mechanisch durchgeführte Entspannungs-Übungen führen zu einem oberflächlichen Entspannungs-Zustand. Nur zu Beginn des Entspannungs-Trainings kann es wegen der gestörten Konzentrationsfähigkeit von Vorteil sein, das Entspannungs-Training mechanisch durchzuführen. Dabei soll es aber nicht bleiben. Selbstgesteuerte Entspannung heißt, die Entspannungs-Übungen dem individuellen Eigenrhythmus entsprechend frei einsetzen zu können. Ihr Eigenrhythmus wird sich im Laufe der Zeit von selbst herausbilden, wenn Sie sich nicht zwanghaft an den Text, die Zeithinweise oder die von mir besprochene Toncassette zum Tiefmuskel-Entspannungs-Training anklammern. Diese Hilfsmittel können Ihnen in der Anfangszeit Ihres Trainings die Entspannung erleichtern. Auf Dauer gesehen sollten Sie jedoch unabhängig von Fremdsteuerung werden.

Selbststeuerung hat eine vertiefende Wirkung für das Entspannungs-Training und eine gesunderhaltende Wirkung für den ganzen Menschen. Ich erinnere an die Nachuntersuchung bei Herzinfarktpatienten: Von denjenigen, die keine gesundheitsbezogene Eigenaktivität und Selbststeuerung nach ihrem Herzinfarkt durchführten, erlitten 18% innerhalb von 3 Jahren einen 2. Infarkt; von der anderen Gruppe waren es 2%. Letztere Gruppe hatte neben dem Entspannungs-Training auch den selbstverantwortlichen Umgang mit Konflikten und Problemen gelernt. Diese Klienten konnten nach selbständig vollzogenen Verhaltens- und Einstellungsänderungen die mit den Konflikten zusammenhängenden Spannungen stark verringern bzw. abbauen. Sie konnten in der Entspannung mehr inneren Abstand und mehr Souveränität gewinnen und sich damit den anstehenden Problemen leichter stellen.

Haben Sie schon einmal darüber nachgedacht, inwieweit Sie eigene Initiativen entwickeln, Ihr Leben und Ihre Gesundheit selbst in die Hand zu nehmen, oder ob Sie sich eher von äußeren Gegebenheiten beeinflussen lassen, sich Ihrem »Schicksal« hingeben? Der nachfolgende Fragebogen zur Eigenaktivität und Selbststeuerung kann Ihnen helfen, Ihre Selbststeuerungsfertigkeiten zu überprüfen. Die einzelnen Aussagen im Fragebogen können Ihnen Hinweise auf eventuell notwendige oder sinnvolle Konsequenzen geben.

Fragebogen zur Eigenaktivität und Selbststeuerung

Kreuzen Sie bitte das für Sie zutreffende Feld an:	häufig	manchmal	nie
1. Ich tue selbst etwas für meine Gesundheit	( ) 2	( ) 1	( ) 0
2. Ich äußere in Gesprächen auch meine Gefühle	( ) 2	( ) 1	( ) 0
3. Ich beschäftige mich mit einem Hobby	( ) 2	( ) 1	( ) 0
4. In meiner Freizeit gehe ich aus	( ) 1	( ) 1	( ) 0
5. Ich bin entschlußfreudig	( ) 2	( ) 1	( ) 0
6. Ich übe eine Sportart aus	( ) 2	( ) 1	( ) 0
7. Ich mache Entspannungsübungen	( ) 2	( ) 1	( ) 0
8. Eingefahrene Verhaltensgewohnheiten ändere ich bei Bedarf	( ) 2	( ) 1	( ) 0
9. Ich hebe die positiven Seiten des Lebens hervor	( ) 2	( ) 1	( ) 0
10. Wenn ich kritisiert werde, vertrete ich meinen Standpunkt	( ) 1	( ) 1	( ) 0
11. Wenn ich zu knappe Termine bekomme, sage ich, daß die Zeit nicht ausreicht	( ) 2	( ) 1	( ) 0
12. Ich informiere mich über wichtige Lebensfragen	( ) 1	( ) 1	( ) 0
13. Der Gedanke an den Tod ängstigt mich	( ) 0	( ) 1	( ) 2
14. Einmal gefaßte Meinungen kann ich schlecht wieder ändern	( ) 0	( ) 1	( ) 2
15. Ich leide unter Zeitdruck	( ) 0	( ) 1	( ) 2
16. Ich greife schnell zu Genußmitteln	( ) 0	( ) 1	( ) 2
17. Ich leide unter Eifersucht	( ) 0	( ) 1	( ) 2
18. Abends sitze ich länger als 1½ Std. vor dem Fernseher	( ) 0	( ) 1	( ) 2
19. Ich habe Angst, im Alter allein zu sein	( ) 0	( ) 0	( ) 2
20. Ich spreche über Probleme mit nahestehenden Personen	( ) 2	( ) 1	( ) 0

Auszählung
Addieren Sie die hinter Ihren Kreuzen stehenden Zahlen

Bewertung

0–12 Punkte:
Sie lassen sich stark von außen steuern und entwickeln wenig eigene Initiative. Sie könnten sich fragen, welche Persönlichkeitszüge und welche Fehlverhaltensweisen bzw. Fehleinstellungen Sie in Ihrer Selbststeuerung einschränken. Ziehen Sie daraus die notwendigen Schlüsse und treten Sie mehr in Kontakt mit Ihren Mitmenschen. Ihre hochgradige innere Spannung kann durch das Entspannungs-Training und durch körperliche Aktivität verringert werden.

13–19 Punkte:
Selbststeuerung und Eigenverantwortung sind Ihnen nicht grundsätzlich fremd. Sie entwickeln Eigeninitiativen und übernehmen Selbstverantwortung, können diese Fertigkeiten jedoch noch beträchtlich erweitern. Emotionaler Druck, Fehlverhaltensweisen und Fehleinstellungen sollten abgebaut werden. Ein geeigneter Weg hierzu ist das Äußern von Gefühlen und das Besprechen von Problemen. Das Entspannungs-Training kann unterstützend eingesetzt werden.

20–27 Punkte:
Sie haben aktive Selbstverantwortung und Selbststeuerung in den meisten Lebensbereichen übernommen. Sie gestalten Ihre Arbeitszeit und erleben Ihre Freizeit sinnvoll. Die Themen Alter und Tod sind für Sie nicht bedrängend. Sie könnten sich noch fragen, ob diese beiden letzten Themen durch innere Beschäftigung damit erledigt oder ob sie nur verdrängt wurden. Sollte es Hinweise für eine evtl. Verdrängung geben, lesen Sie bitte den vorherigen Absatz.

28 und mehr Punkte:
Ihre Selbststeuerung ist ausgezeichnet. Sie können flexibel auf Belastungen reagieren. Eventuellen Problemen stellen Sie sich und äußern auch Mitmenschen gegenüber Ihre Gefühle. Sie haben ein gutes Realitätsgefühl, Selbstbewußtsein, Selbstvertrauen und Gemeinschaftsgefühl. (Beachten Sie bitte den Hinweis zu einer evtl. Verdrängung im vorherigen Absatz.)

Sie haben Ihre Punkte addiert, das Ergebnis mit der Bewertung verglichen und vielleicht schon die notwendigen Schlüsse gezogen. Sie sollten die Aussagen, bei denen Sie 0 Punkte erhalten haben, intensiv überdenken, selbstgesteuerte Alternativen überlegen und eigenaktiv in die Tat umsetzen. Auch bei den übrigen Aussagen können Sie überlegen, ob Sie der eigenverantwortlichen, gesundheitsfördernden Selbststeuerung mehr Raum geben wollen. Vielleicht fallen Ihnen auch noch andere Bereiche ein, in denen Eigenaktivität und Selbststeuerung erhöht werden können.

Zu Ihrer Unterstützung bei der Beschäftigung, Vertiefung, Verarbeitung und Lösung der hier angesprochenen Themenkreise gebe ich Ihnen einige Literaturhinweise. Wie Sie wissen, gibt es viele Ratgeber, von denen nicht allzu viele empfehlenswert sind. Bereits im Jahre 1709 war folgender Titel erschienen: »Von der Fürtrefflichkeit, Unterschied, Nutzen und Wirkungen des Rhein-Weins nebst einer Methode wie selbiger in allen Krankheiten zum kräftigsten Praeservativ, anstatt warmer Bäder und Sauerbrunnen zu gebrauchen sey.« Da bei diesem Titel wenigstens heutzutage die enthaltene Ironie spürbar ist, wird das Buch keine allzu negativen Auswirkungen haben.

Die Bücher der folgenden Autoren, die ich im großen und ganzen für empfehlenswert halte, sollten aufmerksam und kritisch gelesen und nicht passiv konsumiert werden.

Diese Schriften haben unterschiedliche Schwerpunkte. An den mündigen Patienten wenden sich die Taschenbücher von Helmut Brenner, Wayne Dyer, Dietmar Juli und Gabriele Weyel. (Buchtitel usw. sind im Anhang auf Seiten 149–151 angegeben.) Der mündige Bürger und Mitmensch wird in den Taschenbüchern von Robert Jungk, Peter Koch, Horst-Eberhard Richter und Antoine de Saint-Exupéry angesprochen. Einen Einblick in psychotherapeutische Methoden geben die Taschenbücher von Daniel Casriel, Petra Halder, Thomas Harris, Gerd Hennenhofer und Wilhelm Reich. Spezialthemen zur Gesundheitsvorsorge und -nachsorge behandeln die Taschenbücher von Frédéric Flach, Thomas Gordon, Arnold Lazarus, Gerhard Leibold, Rudolf Schwarz, Frédéric Vester und Werner Thumshirn. Existenzielle Themen und Sinnfragen des

Lebens werden in den Schriften von Charlotte Bühler, Ivan Illich, Don Miller, Raymond Moody, Elisabeth Kübler-Ross und Virginia Satir behandelt.

Ich möchte die Hinweise auf weiterführende Literatur mit zwei Zitaten von Anne Morrow Lindbergh* beschließen: »Ich stelle fest, daß ich die Heuchelei in meinen menschlichen Beziehungen ablege. Wie ausruhend das sein wird! Ich habe entdeckt, daß das Anstrengendste im Leben die Unaufrichtigkeit ist. Ihretwegen strengt uns das gesellschaftliche Leben so an; man trägt eine Maske. Ich habe meine Maske abgelegt.«

»Vielen Menschen gelingt es nie, über die Hochebene der vierziger Jahre hinauszugelangen. Die Wachstumsschmerzen, die meiner Ansicht nach jenen der früheren Jugend so ähnlich sind – Unzufriedenheit, Ruhelosigkeit, Zweifel, Verzweiflung, Sehnsucht – werden fälschlich als Zeichen des Verfalls gedeutet. In der Jugend mißdeutet man diese Anzeichen nicht so häufig; man nimmt sie ganz richtig als Wachstumsschmerzen in Kauf. Man nimmt sie ernst, beobachtet sie und richtet sich nach ihnen. Man hat Angst. Natürlich. Wer fürchtet sich nicht vor dem absoluten Raum – dieser atemberaubenden Leere hinter einer offenen Tür? Aber trotz aller Furcht geht man in das anstoßende Zimmer. – Aber im beginnenden Alter deutet man aus der falschen Annahme, daß nun ein Verfall einsetzen muß, diese Lebenszeichen paradoxerweise als Anzeichen des nahenden Todes. Statt sich ihnen zu stellen, flieht man sie und flüchtet sich in Depressionen, Nervenzusammenbrüche, Trunk, Liebeleien oder sinn- und gedankenlose Überarbeitung. Nur nicht sich ihnen stellen und von ihnen lernen! Man versucht, die Wachstumsschmerzen zu heilen, sie auszutreiben, als seien sie Teufel, wo sie eigentlich Engel der Verkündigung sein könnten.«

Die angesprochenen ganzheitlichen Gesichtspunkte sind bei der Einübung und Anwendung des Entspannungs-Trainings mit zu beachten.

---

* Anne Morrow Lindbergh: Muscheln in meiner Hand, dtv, München, 1980, S. 29 und 94

Hinweise zum Entspannungs-Training

> Tiefmuskel-Entspannungs-Training ist ein Verfahren, bei dem wir bei den willkürlichen Muskeln ansetzen und mit Hilfe dieser Muskeln Entspannung für den ganzen Körper und den ganzen Menschen lernen.

Das Tiefmuskel-Entspannungs-Training basiert auf der Progressiven Relaxation, einem systematischen Muskelentspannungs-Training. Edmund Jacobson* entwickelte die »vorwärtsführende Entspannung« zu Beginn unseres Jahrhunderts an der Harvard-Universität. In weiterentwickelter Form wurde dieses Entspannungs-Training zu einer wichtigen Technik im Rahmen der Verhaltenstherapie. Als eigenständige Methode wird es auch im deutschsprachigen Raum immer bekannter und dürfte in absehbarer Zeit einen ähnlichen Bekanntheitsgrad haben wie das autogene Training oder der Yoga.

Das Tiefmuskel-Entspannungs-Training soll keine Konkurrenzmethode für das autogene Training oder den Yoga sein. Es läßt sich gut mit anderen Entspannungs-Methoden verbinden und kann das Erlernen dieser Methoden erleichtern.

Als eigenständiges Verfahren ist es aller Erfahrung nach leichter zu erlernen als das autogene Training oder Yoga, weil die willkürlichen Muskeln als Ausgangspunkt für die Gesamtentspannung gewählt werden. Hierbei handelt es sich um die Muskeln im Körper, die willkürlich, d. h. willentlich, bewußt, aktiv angespannt und entspannt werden können.

Ansatzpunkt ist also das Muskelsystem. Über An- und Entspannung dieses Systems erreichen wir neben der intensiven Muskelentspannung auch Kreislauf- und nervliche Entspannung.

Bei diesem Entspannungs-Training werden die Wahrnehmungsveränderungen bei körperlichen Zustandsveränderungen genutzt: die Spannungszustände werden zunächst willkürlich verstärkt und dann gezielt gelöst; wegen des starken Kontrastes von Anspannung und Entspannung kommen große Spannungsunterschiede und

* EDMUND JACOBSON: Progressive Relaxation, The University of Chicago Press, Chicago, 1929

damit deutliche Wahrnehmungsveränderungen in Form von Wärme- und Schwereempfindungen zustande. Sollten Sie diese Veränderungen, z. B. bei der Anspannung der Hand zur Faust und bei der nachfolgenden Entspannung nicht oder kaum spüren, dann haben Sie entweder die Faust nicht fest genug zugedrückt bzw. nicht genügend gelockert, oder Sie haben die Wahrnehmungsfähigkeit für positive Körperempfindungen verlernt. Im letzten Fall empfiehlt es sich, bei den einzelnen Übungen ganz besonders und vorrangig auf die Empfindungen zu achten, die sich im Wechsel von Spannung und Entspannung einstellen. Je größer der Kontrast zwischen Anspannung und Entspannung ist, um so intensiver sind die Empfindungen. Je kräftiger Sie also anspannen, um so deutlicher wird die Entspannungsempfindung sein.
Die Stärke der Anspannung sollte jedoch nicht so weit gehen, daß Schmerzempfindungen auftreten. Besonders im Schulterbereich, der bei vielen Menschen verspannt und verhärtet ist, ist zu Beginn des Trainings Vorsicht geboten. Haben Sie die Übungen einige Tage lang durchgeführt, werden Sie mit Freude die zunehmende Elastizität der Muskeln wahrnehmen. Dann kann auch die Spannungsintensität erhöht werden, ohne daß Schmerzen auftreten.
Abgesehen von der körperlichen Entspannung werden durch diese Übungen das seelische Wohlbefinden und die Leistungsfähigkeit erhöht. Allerdings sollten die Leistungsgesichtspunkte möglichst in den Hintergrund gestellt werden. Wenn nämlich versucht wird, mit Leistungsbewußtsein und Leistungsehrgeiz Entspannung herbeizuführen, wird eher das Gegenteil, nämlich Spannung, erreicht.

Wir wollen die Übungen aus einer möglichst **entspannten Grundhaltung** heraus beginnen. Mit den Körperhaltungen, die diese Grundhaltung fördern, wollen wir uns nun beschäftigen.
Auf der Abbildung 8 sehen Sie eine Gruppe von Personen in entspannter Haltung. Sie sehen, daß diese Haltung keine strengeinheitliche zu sein braucht, vielmehr soll sie von der Ausgangshaltung her eine optimale Muskelentspannung bringen. Und da gibt es natürlich individuelle Unterschiede: Der eine wird die Droschkenkutscherhaltung als optimal erleben, der andere findet es am günstigsten, wenn er den Kopf locker nach hinten anlegen kann. Probieren Sie aus, in welcher Haltung möglichst wenig Muskeln in Anspannung gehalten zu werden brauchen.

Am allerbequemsten ist in dieser Hinsicht sicherlich die *Liegehaltung:* dabei liegen Sie am besten flach auf dem Rücken, die Arme liegen locker neben dem Körper. Diese Haltung ist die entspannteste, weil in lockerer Liegehaltung keine muskuläre Stabilisierung des Körpers nötig ist.
Auch in *halbliegender Haltung* oder *ausbalancierter Sitzhaltung* sind kaum Muskelspannungen nötig, so daß diese Positionen zu den besonders entspannten Ausgangshaltungen gehören. Als Sitzmöbel empfehlen sich bequeme Schalen-, Polster- oder Ohrensessel. Die nachfolgenden Graphiken zur Demonstration der einzelnen Übungen sind aus der bequemen Ausgangshaltung in einem Polstersessel heraus entstanden.
Die Übungen können und sollten auch immer wieder in *unbequemeren Haltungen* durchgeführt werden, weil dies vermutlich die häufigsten Positionen sind, in denen Sie später das Gelernte konkret einsetzen möchten: Es ist zu erwarten, daß Sie in einer späteren Angst- oder Ärgersituation zunächst stehen oder gar gehen und sich höchstens zwischendurch auf einen harten Stuhl oder einen zu weichen Sessel setzen können. Entspannung wird später gerade in solchen Situationen sofort erforderlich sein; Sie können aber nur dann mit Entspannungs-Effekten rechnen, wenn Sie die Übungen

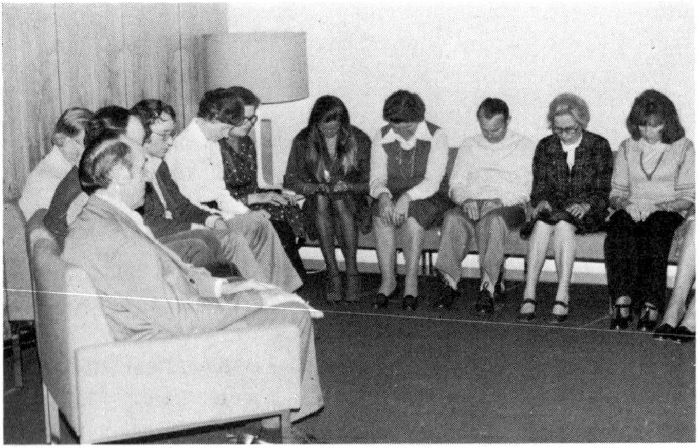

Abb. 8: Entspannte Haltung während der Übungen

vorher in unbequemeren Haltungen eintrainiert und bereits bei kleineren Ärgeranlässen eingesetzt haben. Wenn Sie das Training nur im Liegen erlernen, werden Sie es später auch nur im Liegen anwenden können. Aus diesen Gründen sollten Sie sich als häufigste Haltung eine bequeme Sitzhaltung auf dem von Ihnen am meisten benutzten Sitzmöbel aussuchen.

In einem Polstersessel oder auf einem Stuhl sollten Sie sich mit dem Gesäß möglichst weit nach hinten setzen: dann steht die Wirbelsäule weitgehend gerade und ist von ansonsten auftretenden Spannungen entlastet. Nehmen Sie dann eine aufrechte Oberkörperhaltung ein, so daß der Rücken Kontakt mit der Rückenlehne hat. Die Beine stehen senkrecht nebeneinander oder sind leicht ausgestreckt. Lassen Sie die Arme locker auf oder neben die Oberschenkel fallen. Lösen Sie jetzt die Muskelspannung in Ihrer Halsmuskulatur; dadurch sinkt der Kopf etwas nach vorn. Lassen Sie den Kopf so weit sinken, bis Sie keine Muskelspannungen mehr zum Hochhalten des Kopfes benötigen. (Vgl. Abb. 8 u. Abb. 10.)

Diese Haltung läßt sich durch Anlehnen des Kopfes an eine Kopfstütze abwandeln. Besonders günstig ist hierzu ein Ohrensessel mit möglichst gerader Rückenlehne. Auch auf einem beliebigen Stuhl läßt sich diese Haltung einnehmen. Setzen Sie sich dazu mit dem Stuhl nahe an eine Wand, legen Sie sich eine Nackenrolle, ein Kissen oder etwas Ähnliches in den Nacken und lehnen Sie den Kopf an.

Wer Wirbelsäulenbeschwerden hat, sollte eine der bisher erklärten Übungshaltungen einnehmen.

Bei der jetzt beschriebenen Sitzhaltung setzen Sie sich in die Mitte oder auf das vordere Drittel Ihres Stuhles oder Schemels und nehmen zunächst eine aufrechte Oberkörperhaltung ein. Die Beine stehen rechtwinklig oder sind ausgestreckt. Heben Sie dann die Rückenspannung auf. Sie sacken dabei in sich zusammen, Schultern und Kopf fallen nach vorn, die Arme bleiben auf den Oberschenkeln liegen oder hängen locker herunter.

Wenn Sie nach den Übungen wieder frisch und munter sein wollen, sollten Sie zum Abschluß der Übungen eine kräftige muskuläre Aktivierung durchführen. Ballen Sie dazu die Hände zu Fäusten und ziehen Sie die Arme ruckartig zum Körper hin. Schlagen Sie dann die Arme einmal oder mehrmals ruckartig vom Körper weg.

Öffnen Sie die Augen und atmen Sie einmal tief durch. (Siehe Abb. 9). Diese Muskelaktivierung hat auch einen erfrischenden Effekt.

Neben der Körperhaltung erleichtert auch eine entspannte innere Haltung und Einstellung die Trainingsfortschritte. Die gelassene innere Haltung kann nicht vorausgesetzt werden, sondern muß im Training erst erworben werden. Sie können jedoch die äußeren Gegebenheiten so gestalten, daß sie zu Ihrer inneren Ruhe beitragen. Sie können zu Übungszwecken einen Raum aufsuchen, in dem Sie nicht gestört werden. Wer keine andere Möglichkeit findet, weicht notfalls auf die Toilette aus. Sie können beengende Kleidungsstücke lockern oder bequemere anziehen bzw. die Schuhe ausziehen.
Sie haben sich sicher schon gefragt, welche **Übungshäufigkeit** beim Tiefmuskel-Entspannungs-Training zu veranschlagen ist. Diese Frage muß für die Trainingsphase und die Anwendungsphase unterschiedlich beantwortet werden. In der Trainingsphase, die bei täglichem Üben etwa 6 Wochen in Anspruch nimmt, sollte mehrmals am Tag geübt werden. In der Anwendungsphase reicht es aus,

Abb. 9: Muskuläre Aktivierung zum Abschluß der Übung

wenn Sie das Trainingsprogramm 1 mal pro Woche durchführen und, davon abgesehen, das Gelernte dann gezielt einsetzen, wenn Sie es brauchen. In der Trainingsphase sollten Sie täglich 1–2 der insgesamt 8 Übungsteile in einer möglichst ruhigen Atmosphäre durchführen und zusätzlich Kurzübungen bei weniger ruhigen Umgebungsbedingungen machen. Eine Wartesituation, wie z. B. beim Arzt oder an der Kasse, eignet sich ausgezeichnet, um sich je nach zur Verfügung stehender Zeit ½ Minute, 1 Minute oder 2 Minuten auf ausgewählte Muskelpartien anspannend und entspannend einzustellen.

In der Trainingsphase kommt es dabei nicht darauf an, ob Sie Entspannungsempfindungen haben, sondern daß Sie sich in schwierigeren Situationen mit der Thematik beschäftigen. Wenn Sie nur in Ruhesituationen üben, wird Ihnen die spätere Übertragung auf angespannte Realsituationen zu schwer fallen.

Nach rund 3 Wochen regelmäßigem Üben können Sie so weit sein, daß Sie das Gelernte bereits mit Erfolg einzusetzen vermögen. Zu diesem Zeitpunkt können Sie Ihr Übungsprogramm mit dem Entspannungs-Training für Fortgeschrittene ergänzen. Bei intensivem weiterem Üben werden Sie wiederum rund 3 Wochen benötigen, bis Sie diese differenzierte Technik einigermaßen beherrschen. Welche Wahrnehmungen Ihnen anzeigen, ob Sie das angestrebte Entspannungsziel erreicht haben, wird im Anschluß an das Trainingsprogramm beschrieben.

Wenn Sie die Übungen mit Hilfe des Übungstextes durchführen, werden Sie für jeden Programmteil rund 6 Minuten benötigen. Sie können sich den Text auch auf Tonband sprechen und nach jedem Übungsteil ein ruhegetöntes Musikstück von rund 5 Minuten Dauer einspielen. Der Autor hat eine entsprechende Toncassette besprochen und zwischen den einzelnen Übungen geeignete Musikstücke eingespielt. Wer sich die Mühe der Eigenproduktion ersparen will oder Anregungen für die eigene Handhabung erhalten möchte, der kann die Toncassette TE 1 mit dem Tiefmuskel-Entspannungs-Training für Anfänger durch Überweisung von DM 18,–* an Helmut Brenner, 4902 Bad Salzuflen, Kontonummer 320668-304 beim Postgiroamt Hannover, Bankleitzahl

* Preis gültig bis Ende 1992

25010030, bestellen. Eine weitere Cassette TE 2 mit dem Entspannungs-Training für Fortgeschrittene kann zu gleichen Bedingungen bezogen werden.
Wenn Sie die Übungen unter Zuhilfenahme der gesprochenen Anleitung durchführen, dauert das Grundprogramm mit seinen 4 Teilen einschließlich Musik rund 40 Minuten und das Fortgeschrittenenprogramm rund 35 Minuten.
Auf die musikalische Unterstützung komme ich später noch zurück. Jetzt nur so viel: Während Sie die eingespielte Musik hören, können Sie entweder die Musik mitverfolgen bzw. sich von ihr tragen lassen oder die kurz zuvor durchgeführten Übungen nochmals durchgehen.
Eine Tonanleitung ist zum Erlernen des hier besprochenen und vorgestellten Entspannungs-Programms keine Bedingung. Das Entspannungs-Training können Sie auch allein mit Hilfe dieses Buches erlernen. Falls Sie zur Erleichterung des Trainings eine Tonanleitung benutzen, achten Sie darauf, daß Sie sich nicht davon abhängig machen, indem Sie nur mit der Tonanleitung üben. Sie können dem vorbeugen, wenn Sie die Übungen in wenigstens der Hälfte der Fälle ohne Tonanleitung durchführen.
In der späteren Anwendungsphase können Sie das Gelernte frei einsetzen. Je öfter Sie das Programm zu Übungszwecken durchführen, desto rascher prägen Sie sich die Übungen ein und desto rascher können Sie das Gelernte in Alltagssituationen anwenden.

Entspannungs-Training für Anfänger

Heute sollte eigentlich jeder ein Entspannungs-Verfahren beherrschen und regelmäßig praktizieren. Es gibt eine ganze Reihe empfehlenswerter Verfahren: Autogenes Training, Yoga, Funktionelle Entspannung, Musiktherapie, Tiefmuskel-Entspannungs-Training . . . Einige dieser Entspannungs-Verfahren werden durch die Volkshochschulen oder sonstige Bildungseinrichtungen vermittelt, so daß jeder die Möglichkeit hat, sie zu erlernen. Auch mit Hilfe dieses Buches haben Sie die Möglichkeit, das Tiefmuskel-Entspannungs-Training zu erlernen. Zusätzlich zum Lesen und eigenen Üben ist es sicherlich sinnvoll, einen Kursus zu besuchen. Häufig werden auch Kurse zum autogenen Training mit dem Tiefmuskel-Entspannungs-Training verbunden. Sie können dem Übungsleiter Fragen stellen oder mit ihm auftauchende Schwierigkeiten besprechen. Das Do-it-yourself-Verfahren ersetzt nicht das angenehme Gefühl, mit anderen, gleichgesinnten Menschen zusammen zu sein und sich um ein gemeinsames Ziel zu bemühen. Wenn Sie diese Möglichkeit nicht haben, können Sie auch durch Selbsthilfe das angestrebte Entspannungsziel erreichen.
Das Erlernen eines Entspannungs-Verfahrens ist wichtig, ersetzt allerdings nicht den Erwerb konstruktiven Konfliktlösungsverhaltens. Hierzu wurden im ersten Teil dieses Buches einige Ausführungen gemacht und Hinweise gegeben.
Durch konsequentes Training und möglicherweise zusätzliche Konfliktbearbeitung sind Leiden und Beschwerden zu lindern oder abzubauen, die mit Fehlregulationen im Muskel-, Kreislauf- oder Nervensystem zusammenhängen. Als Beispiele seien genannt: Kopfschmerzen, Durchblutungsstörungen, Muskelverspannungen, Innere Unruhe, Schlafstörungen, Magenbeschwerden und Atemstörungen (vgl. Spannungsfragebogen S. 28).

Das Tiefmuskel-Entspannungs-Training ist ein Verfahren, bei dem die willkürlichen Muskeln als Ausgangspunkt für die Entspannung gewählt werden. Durch willkürliche Anspannung und nachfolgende Lockerung von bestimmten Muskelpartien kommt es wegen des provozierten Kontrastes zu sofortigen und intensiven Entspannungs-Empfindungen. Die Entspannung wird als Schwere-, Wärme-, Prickel-, Ruhe- oder Schläfrigkeitsgefühl wahrgenommen. Diese Empfindungen zeigen, daß sich nicht nur die Muskeln, sondern auch Blutgefäße und Nerven entspannen.

Eine Schwereempfindung wird spürbar, wenn eine intensive Muskelentspannung zustande kommt. Wärme und Prickeln werden spürbar, wenn Blutgefäße durch die Entspannung geweitet werden und die Durchblutung gefördert wird. Die innere Ruhe und Gelassenheit nimmt zu, wenn sich die Entspannung im Nervensystem ausbreitet. Schläfrigkeitsgefühl tritt auf, wenn die Gesamtentspannung tiefer wird.

Die hier genannten Empfindungen sind in allen Entspannungs-Techniken angestrebte Empfindungen, die in der Tiefmuskel-Entspannung wegen des Kontrastvorgehens von muskulärer An- und Entspannung sofort oder nach wenigen Minuten auftreten. Bei allen anderen Entspannungs-Verfahren dauert dies wesentlich länger, weil dort die Entspannung auf autosuggestivem, konzentrativem oder meditativem Wege erlernt wird.

Das hier vorgestellte Entspannungs-Verfahren bietet einige weitere Vorteile. Es ist leicht vermittelbar und weitgehend durch Selbstanleitung erlernbar. Außerdem kann dieses Entspannungs-Training fast jederzeit unter fast allen Bedingungen durchgeführt werden: Wenn Sie z. B. ein Gespräch führen, können Sie sich zwischendurch einmal kurz vergegenwärtigen, ob Sie (muskulär) angespannt sind, und können diese Verkrampfungen dann lösen. Nach einigen Wochen regelmäßigen Übens können Sie durch kurze Selbstbeobachtung feststellen, ob Sie verspannt sind. Sie können sich dann sofort in die Anspannung einspüren, sie kurzfristig – etwa eine Sekunde lang – verstärken und dann die Anspannung von sich abfallen lassen. Bei diesem Vorgehen bekommen Sie Spannung im wahrsten Sinne des Wortes in den Griff und können sie anschließend leichter loslassen.

Das soeben Gesagte ist für Sie momentan noch Zukunftsmusik. Es geht zunächst noch um das Grundtraining; auf differenzierte

Anwendungsgesichtspunkte kommen wir später noch zu sprechen. Für Ihre ersten Übungen wählen Sie eine möglichst bequeme Ausgangshaltung. (Vgl. Abb. 10.)

In dieser Haltung führen Sie jeweils 1–2 der insgesamt 4 Übungsteile des Entspannungs-Trainings für Anfänger durch. Später kön-

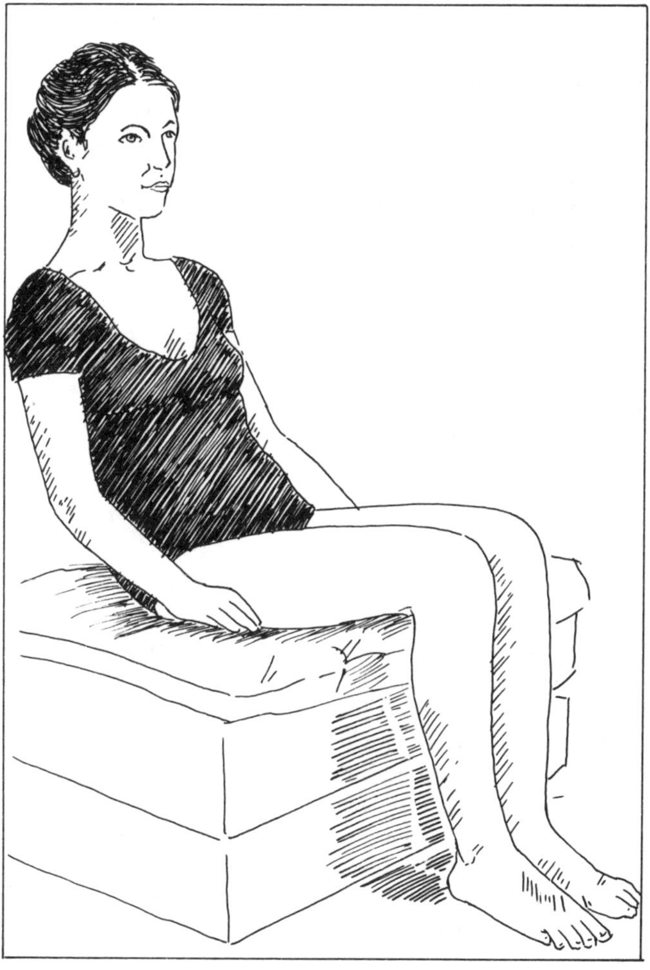

Abb. 10: Bequeme Ausgangshaltung

nen und sollten die Übungen auch ohne Anleitungen, d. h. aus dem Gedächtnis mehrmals täglich wiederholt werden. Sie können dabei einzelne Übungen herausgreifen, die Sie 1–2 Minuten lang durchführen. Spannen Sie jeweils nur so stark an, daß keine unangenehmen Empfindungen auftreten.
Falls das gezielte Anspannen von Muskelgruppen zu Schmerzempfindungen führt, sollten Sie weniger intensiv anspannen. Falls nach Beendigung der Übungen unangenehme Empfindungen auftreten sollten, haben Sie entweder die muskuläre Aktivierung (vgl. Abb. 9, Seite 48) vernachlässigt, oder Sie haben zu schnell die Körperhaltung verändert. Falls Sie weiter ruhen möchten, braucht die Aktivierung natürlich nicht durchgeführt zu werden. Wenn evtl. auftretende Mißempfindungen nicht auszuräumen sind, wenden Sie sich bitte an einen Fachmann, der Entspannungs-Verfahren lehrt.

Das Programm beginnt im ersten Teil mit der Entspannung der Hände, es folgen die Arme. Im zweiten Übungsabschnitt geht es weiter mit den Gesichtsmuskeln und den Schultern. Im dritten Übungsabschnitt geht es um die Entspannung des Leibes. Der vierte Übungsteil wendet sich den Beinen und abschließend der Gesamtperson zu. Danach beginnen Sie wieder mit der ersten Übung.
Bei der ersten Übung geht es um die Anspannung der rechten Hand zur Faust und die nachfolgende Entspannung. Ich bitte Sie, diese Übung jetzt einmal durchzuführen: Ballen Sie Ihre rechte Hand jetzt zur Faust (siehe Abb. 11).
Drücken Sie möglichst kräftig zu und schauen Sie sich Ihre Faust und Ihre Finger an. Sehen Sie die muskuläre Spannung und die farblichen Veränderungen der Faust und der Finger? An einigen Stellen wird es weiß – dort wird das Blut aus den Adern herausgedrückt; an anderen Stellen wird es rot – dort staut sich das Blut. Spüren Sie sich jetzt zusätzlich in Ihre Hand hinein: Spüren Sie die Anspannung und die Härte der Faust. – Tasten Sie nun mit der anderen Hand, wie die geballte Faust sich anfühlt: Spüren Sie die Härte der Muskeln und die relative Gefühllosigkeit der Faust. Lösen Sie nun die Anspannung, lassen Sie die Hand locker auf den Oberschenkel fallen und erleben Sie nun den Kontrast zur Spannung, spüren Sie die Entspannung, die wohlige Lockerung der Muskeln und das angenehme Strömen oder Kribbeln oder das

leichte Wärmegefühl in der Hand. Tasten Sie nochmals mit der anderen Hand: Fühlen Sie die Weichheit und Geschmeidigkeit der Muskeln? Wenn ja, können Sie sich schon gut in positive Körperempfindungen hineinversetzen und den Anspannungs- und Entspannungs-Unterschied gut wahrnehmen.
Zusätzlich zum provozierten Spannungsunterschied wird die Entspannung durch das Kontrastvorgehen insgesamt gefördert und weiter vertieft. Eine Hand, die vor dem Training kalt war, wird im Training warm werden und auch anschließend so lange warm bleiben, bis ein erneuter, länger andauernder Spannungsreiz wieder zur Verengung der Blutgefäße führt.
Sie können jetzt mit dem ersten Übungsteil beginnen. Wählen Sie zu Anfang einen möglichst ruhigen Raum und eine ruhige Umgebung. Machen Sie sich mit den Geräuschen vertraut, die Sie jetzt in näherer oder weiterer Entfernung hören: diese Geräusche gehören im Moment mit zur Übungssituation; versuchen Sie nicht, die Geräusche wegzudrängen, sondern akzeptieren Sie sie als natürliche, zum alltäglichen Leben gehörende Geräusche.

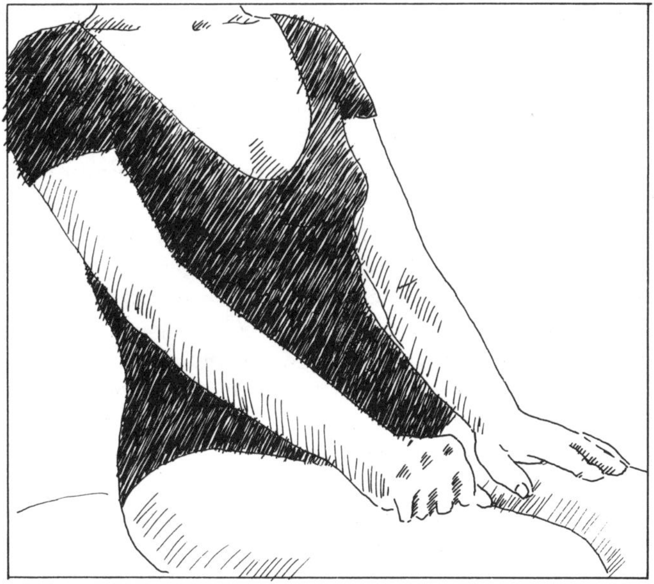

Abb. 11: Rechte Hand zur Faust ballen

Sagen Sie sich zu Anfang den Satz: *Ich beginne jetzt mit meinem Entspannungs-Training*, und stellen Sie sich auf Ihren Körper, speziell auf Ihre rechte Hand, ein und spüren Sie Ihren Körper und Ihre Hand. Sie können auch mit der Einstellung auf das kurze Entspannungssignal *ruhig* bzw. *entspannt*, nicht zuletzt mit der Einstellung auf ein ruhegetöntes Bild beginnen.
Die jetzt folgenden Übungsanleitungen, die Sie in der ersten Zeit lesen bzw. hören und dann in die Tat umsetzen sollen, sind der besseren Identifizierbarkeit willen *kursiv* gedruckt. Drei Punkte im Text bezeichnen die Anspannungs- bzw. Entspannungs-Phasen, die jeweils 5–10 Sekunden dauern sollen.

1. Übungsteil: Entspannung der Arme

Tiefmuskel-Entspannungs-Training – Entspannung der Arme*

Nehmen Sie jetzt ein möglichst bequeme Haltung ein – lockern Sie die Muskelspannungen in Armen und Beinen. Entspannen Sie sich, so gut es Ihnen möglich ist. . . .
Ballen Sie jetzt Ihre rechte Hand zu einer Faust. (Siehe Abb. 11.) *Verstärken Sie langsam, aber stetig den Druck. Die Faust wird immer härter. Fühlen Sie die Spannung in Ihrer rechten Hand, in Ihrem Unterarm . . . Und nun entspannen Sie. Lassen Sie die Finger Ihrer rechten Hand locker und erleben Sie das angenehme Gefühl. Lassen Sie alle Spannung los und spüren Sie, wie die Entspannung sich in Ihrem Arm und im übrigen Körper ausbreitet. . . . Nun machen Sie das gleiche mit Ihrer linken Hand. Ballen Sie die linke Hand zu einer Faust, während der restliche Körper entspannt bleibt. Ballen Sie die Faust fester und fühlen Sie den Druck. . . . Und nun entspannen Sie. Spüren und genießen Sie den Unterschied. . . .*
Nun ballen Sie beide Hände zu Fäusten. Verstärken Sie den Druck – die Finger werden hart, die Unterarme sind fest gespannt. Spüren Sie den Druck. . . . Und nun entspannen Sie. Lassen Sie Ihre Finger locker und fühlen Sie die Entspannung. Fahren Sie fort mit der Entspannung Ihrer Hände und Arme. . . .
Nun heben Sie Ihre Unterarme und ziehen Sie die Arme näher zum Körper hin. (Siehe Abb. 12.)
Spannen Sie die Muskeln in den Armen, verstärken Sie den Druck und achten Sie auf die Spannungsgefühle. . . . Nun lassen Sie Ihre

---

* Die bewußte Wiederholung der Überschrift auf dieser Seite und auf den Seiten 61, 71, 79, 103, 104, 106 und 108 soll der Einstimmung dienen.

Arme wieder locker, entspannen Sie und erleben Sie den Unterschied. Lassen Sie die Entspannung sich weiter ausbreiten. … Noch einmal: Heben Sie Ihre Unterarme, ziehen Sie die Arme zum Körper und spannen Sie die Muskeln; halten Sie die Spannung fest und erleben Sie den Druck. … Lösen Sie die Anspannung, indem Sie die Arme locker fallen lassen. Entspannen Sie. …

Systematische Entspannung ist aktive Gesundheitsvorsorge. Achten Sie jedesmal auf Ihre Empfindungen, wenn Sie anspannen oder entspannen. …

Nun drehen Sie Ihre Hände herum, so daß die Handinnenflächen nach oben zeigen, und drücken Ihre Hände und Arme nach unten gegen die Unterlage (siehe Abb. 13), *möglichst fest, so daß Sie die Spannung in den Muskeln spüren. … Und nun entspannen Sie. Ihre Arme sind wieder in einer angenehmen Lage. Erlauben Sie Ihren Armen, sich weiter zu entspannen. …*

Drehen Sie die Hände noch einmal herum, drücken Sie Hände und Arme fest gegen die Unterlage, so daß Sie die Spannung in den Muskeln fühlen. Nehmen Sie diese Spannung wahr. … Und nun entspannen Sie wieder. …

Abb. 12: Unterarme zum Körper ziehen, Bizeps spannen

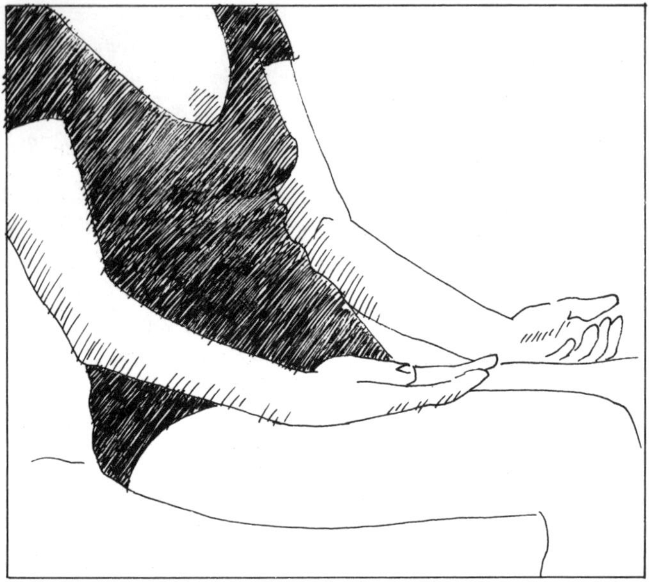

Abb. 13: Hände und Arme nach unten drücken

Stellen Sie sich jetzt auf wohltuende Entspannung in den Armen ein, auf Ruhe ohne jegliche Spannung. ... Selbst wenn Sie glauben, Ihre Arme seien nun völlig entspannt, versuchen Sie, noch ein wenig weiter zu lockern. Die Arme werden schwerer und wärmer. Sie entspannen sich weiter und weiter. ...
Wenn Sie die Übung beenden möchten, nehmen Sie das Schweregefühl zurück, indem Sie die Arme ruckartig anziehen und wegstrecken.

Beim Anziehen werden die Arme in den Ellenbogen ruckartig angewinkelt und die Fäuste geballt. Es folgt das ruckartige Ausstrecken der Arme (vgl. Abb. 9, Seite 48). Diese Aktivierung bringt ein angenehmes Erfrischungsgefühl und neue Spannkraft für die Muskeln; Nerven und Kreislauf bleiben weitgehend entspannt.
Es empfiehlt sich, in der ersten Trainingszeit die Übungen nochmals, evtl. durch ruhige Musik unterstützt, nachempfindend durchzugehen und dann ein stichwortartiges Protokoll anzufertigen, in das Übungsdauer und Empfindungen eingetragen werden.
Ein solches Protokoll könnte folgendermaßen aussehen (Abb. 14):

		Übungs-minuten	Empfindungen
Montag	morgens	2	müde, habe keine rechte Lust. Aktivierung tut gut
	mittags	5	stark abgelenkt durch Geräusche, Gedanken, Bilder
	abends	20	zunächst Augenflimmern, dann Beruhigung
Dienstag	morgens	1	innere Unruhe, Gedanke an bevorstehende Unterredung
	mittags	5	Verkrampfung löst sich etwas
	abends	5; 10; 3	zuerst unkonzentriert, dann gelöst; Wärmegefühl
Mittwoch	morgens	2	mein Gefühl und mein Körper werden freier
	mittags	5	wohliges Lebensgefühl, erfrischt
	abends	10; 10	intensives Ruhegefühl, Leichtigkeit
Donnerstag	morgens		
	mittags		
	abends		
Freitag	morgens		
	mittags		
	abends		
Samstag	morgens		
	mittags		
	abends		
Sonntag	morgens		
	mittags		
	abends		

Abb. 14: Übungsprotokoll

Ein *Formblatt* für Ihre eigenen Protokolle finden Sie auf Seite 98. Sollte Ihnen das Ausfüllen eines solchen Protokollschemas unangenehm sein, können Sie auch ein freies Erlebnisprotokoll schreiben. Dies hat den Vorteil, daß Sie Erlebnisverläufe ausführlicher und individueller schildern können. Hierzu ein Beispiel, das eine Woche nach Übungsbeginn geschrieben wurde:
»Bevor ich mit den Übungen begann, mußte ich mir einen Ruck geben. Ich war ziemlich erregt und unruhig und war nicht in der richtigen Stimmung, mit den Übungen zu beginnen. Ich redete mir ein, es sei ja doch sinnlos. – Bei den ersten Übungen war ich auch stark abgelenkt; alles Mögliche und Unmögliche ging mir durch den Kopf. – Ich machte jedoch weiter. Nach einigen Minuten stellte ich fest, daß ich nicht mehr so stark abschweifte. Ich achtete jetzt mehr auf die Kontraste zwischen Anspannung und Entspannung und spürte das Tiefergehen der Entspannung. Als die Musik begann, spürte ich meinen Körper, wie er ruhig pulsierte und angenehme Wärme sich ausgebreitet hatte. Ich fühlte mich sehr wohl. Auch nach dem Wiederanspannen der Muskeln fühlte ich mich noch sehr wohlig ruhig und bedeutend entspannter als vor Übungsbeginn.« (Frau N. aus Köln.)

Es ist auch sinnvoll, die Körpergefühle, die während der Übungen spürbar werden, zu notieren. Beispiele für solche Körperwahrnehmungen:
Anspannung im Kopf läßt nach. Herzklopfen wird bewußter und deutlicher. Die chronische Schulterverspannung spüre ich genau. Hände werden warm und prickeln. Schweregefühl. Gefühl von Schwerelosigkeit und Schweben. Ziehen in den Armen. Gelegentliches Muskelzucken in den Armen. Bedürfnis, durchzuatmen. Ruhige und gleichmäßige Atmung.
Die hier genannten Körperempfindungen sind alle als positiv zu bewerten. Die Bedeutung der einzelnen Empfindungen wird im Kapitel »Entspannungs-Wahrnehmungen und Erfolgskontrolle« besprochen.

Sie sollten jetzt und in Zukunft den ersten Übungsteil noch öfter durchgehen und auch die folgenden Selbsterfahrungs- und Selbsterforschungsübungen zu diesem Abschnitt noch mehrmals durchführen.

Selbsterforschungsübungen:

Ballen Sie jetzt Ihre rechte Hand wieder zur Faust. Spüren, sehen und fühlen Sie die Anspannung der Härte. Betrachten Sie die farblichen Veränderungen; vergleichen Sie Aussehen und Gefühl der rechten Hand mit der linken Hand. Berühren Sie beide Hände, spüren Sie den Unterschied zwischen beiden Händen, . . . lockern Sie die Anspannung und spüren Sie auch diesen Unterschied. Aus der geballten Faust mit ihrem möglichen aggressiven Erlebnishintergrund wird eine leicht geöffnete Hand, eine dem Mitmenschen zugewandte Hand.
Führen Sie das gleiche Vorgehen für die linke Hand und für beide Hände durch und wenden Sie sich dann Ihrem rechten Arm zu. . . . Beugen Sie Ihren rechten Ellenbogen, spannen Sie den Bizepsmuskel; die Faust ist wie von selbst mitgeballt. Spüren und tasten Sie die Spannung und die Härte des rechten Armes. Spüren Sie das Pressen in der Ellenbogenbeuge . . . und die Lockerung sowie das leichte Prickeln bei der Entspannung. . . .
Erleben Sie anschließend die unterschiedlichen Empfindungen in beiden Armen. . . .
Drehen Sie jetzt Ihre Hände herum und drücken Sie die Hände fest nach unten. Spüren Sie die Spannung in den Händen, in den Unterarmen, in den Oberarmen. Betrachten Sie Ihre gepreßten Hände . . . und beobachten Sie den Unterschied, der bei der Entspannung zustande kommt. – Lassen Sie die Entspannung in Ihren Händen, Ihren Armen und schließlich im ganzen Körper sich ausbreiten und genießen Sie dieses angenehme Gefühl.

Wenn Sie möchten, können Sie jetzt mit dem 2. Übungsteil beginnen und die Entspannung der Arme durch Entspannung von Gesicht und Schultern ergänzen.

2. Übungsteil: Entspannung von Gesicht und Schultern

Entspannung von Gesicht und Schultern

Bleiben Sie in Ihrer ruhigen und bequemen Haltung. Alle Ihre Muskeln sind schwer und locker . . . (siehe Abb. 8, S. 46)
Heben Sie nun Ihre Augenbrauen hoch und runzeln Sie die Stirn. (Siehe Abb. 15.)

Abb. 15: Augenbrauen heben und Stirn runzeln

Abb. 16: Augen fest schließen

Abb. 17: Zähne aufeinanderbeißen

Verstärken Sie das Spannungsgefühl ... und lösen Sie die Anspannung. Entspannen Sie Ihre Augenbrauen, Ihre Kopfhaut. Lassen Sie die Stirn locker. Erleben Sie, wie die Haut Ihrer Stirn immer glatter wird, je mehr Sie sich entspannen. ...
Nun schließen Sie Ihre Augen. Drücken Sie Ihre Augen fest zu, jedoch nicht so stark, daß der Druck schmerzhaft wird. (Siehe Abb. 16.) *Spüren Sie den Druck ... und lösen Sie die Spannung. Die Augen bleiben leicht geschlossen. Erleben Sie die Lockerung. ...*
Beißen Sie nun Ihre Zähne fest aufeinander und spannen Sie Ihren Kiefer. (Siehe Abb. 17.) *Konzentrieren Sie sich auf die Spannung in Ihrem Unterkiefer. ... Lockern Sie Ihren Kiefer nun wieder und genießen Sie diese Entspannung. ...*
Spannen Sie jetzt Ihre Lippen an. (Siehe Abb. 18.) *Drücken Sie Ihre Lippen gegeneinander und spüren Sie die Spannung. ... Nun lösen Sie die Spannung wieder. Spüren Sie, wie sich die Entspannung in Ihrem Gesicht ausbreitet. Ihre Lippen, Kiefer, Kehle, Augen und Stirn lockern sich. Die Entspannung breitet sich weiter aus. ...*

Abb. 18: Lippen gegeneinanderdrücken

Abb. 19: Kopf nach hinten drücken

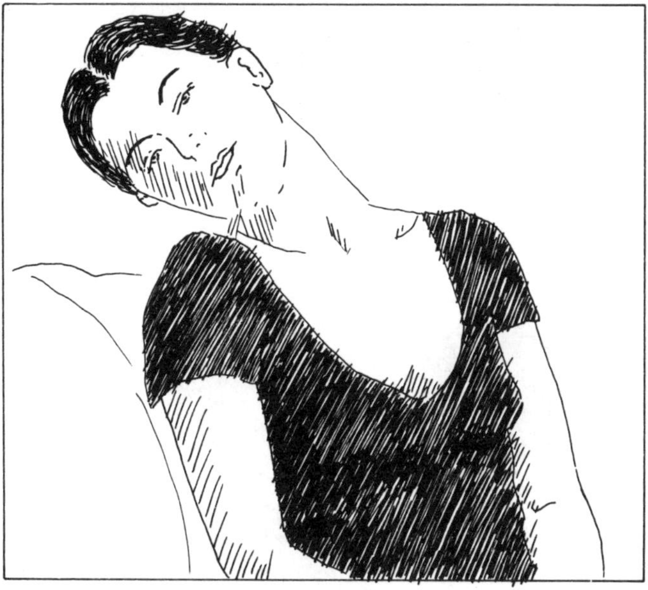

Abb. 20: Kopf auf die rechte Seite rollen

Wenden Sie nun die Aufmerksamkeit Ihren Nackenmuskeln zu. Drücken Sie Ihren Kopf nach hinten (siehe Abb. 19) *und achten Sie auf die Spannung in Ihrem Nacken. – Rollen Sie nun den Kopf auf die rechte Seite* (siehe Abb. 20) *und erleben Sie die veränderte Spannung. – Nun drücken Sie den Kopf zur linken Seite und spüren Sie, wie die Spannungsgefühle wechseln. ... Nun lassen Sie den Kopf in eine angenehme Lage zurückkehren. Spüren Sie die wohlige Gelöstheit. Genießen Sie die Ruhe. ... Drücken Sie den Kopf noch einmal nach hinten und nehmen Sie die unangenehmen Empfindungen wahr. – Rollen Sie den Kopf auf die rechte Seite und erleben Sie diese Spannung. – Bringen Sie den Kopf auf die linke Seite und erleben Sie, wie die Spannung wechselt. ... Und nun entspannen Sie wieder. Spüren Sie die Entlastung. ...*

Drücken Sie jetzt Ihr Kinn gegen die Brust (siehe Abb. 21), *erleben Sie das leichte Engegefühl. ... Nun lösen Sie die Verspannung und spüren die Befreiung. Lassen Sie die Entspannung weitergehen. ... Nun ziehen Sie Ihre Schultern hoch, ganz fest.* (Siehe Abb. 22.) *Halten Sie diese Spannung. ... Lassen Sie Ihre Schultern wieder locker fallen und erleben Sie die Lösung. Nacken und Schultern*

Abb. 21: Kinn gegen die Brust drücken

Abb. 22: Schultern hochziehen

Abb. 23: Schultern nach vorne drehen

entspannen sich. ... Heben Sie Ihre Schultern noch einmal, spüren Sie die Spannung. Drehen Sie Ihre Schultern jetzt nach vorne (siehe Abb. 23) *und erleben Sie die Spannungsänderung. – Drücken Sie Ihre Schultern jetzt nach hinten. Beobachten Sie die Spannung in Ihren Schultern und in Ihren oberen Rückenmuskeln. ... Lassen Sie Ihre Schultern wieder locker fallen und entspannen Sie. ...*
Lassen Sie die Entspannung sich weit in Ihren Schultern ausbreiten, bis in die Rückenmuskeln hinein. Entspannen Sie Ihren Nacken und Ihr Gesicht und erleben Sie, wie tiefe Entspannung sich weiter ausbreitet. Sie geht weiter und weiter. ...
Wenn Sie die Übung beenden möchten, nehmen Sie das Schweregefühl zurück, indem Sie die Arme ruckartig anziehen und wegstrekken. Sie fühlen sich gelassen, erfrischt und angenehm ruhig.
Je intensiver Sie das Strecken und Recken zum Abschluß der Übung durchführen, desto frischer werden Sie nach dem Entspannungs-Training sein. Zur Erinnerung: Die Aktivierung soll möglichst kräftig sein, jedoch nicht zu ruckartig, damit keine Schmerzempfindungen auftreten. Die Aktivierung braucht nicht durchgeführt zu werden, wenn Sie jetzt weiter ruhen möchten.

In der ersten Zeit Ihres Trainings ist es günstig, die Übungen vor der muskulären Aktivierung noch einmal durchzuarbeiten. Diese Selbsterforschungsübungen können auch von einem auf Sie beruhigend wirkenden Musikstück begleitet werden.
Sie können sich fragen: Welche Übungen habe ich soeben durchgeführt und welche Empfindungen hatte ich dabei? Wie habe ich die Anspannung der Augenbrauen und der Stirn empfunden? Habe ich das leichte Vibrieren und das Härtegefühl über den Augen gespürt? Habe ich die gekräuselte und gerunzelte Stirn gespürt?

Selbsterforschungsübungen:

Heben Sie jetzt Ihre Augenbrauen noch einmal, runzeln Sie Ihre Stirn wie im Ärger und tasten Sie mit der Hand über Ihre Augenbrauen und Ihre Stirn. Fühlen Sie genau die Härte über den Augenbrauen und die Falten auf der Stirn. . . . Lassen Sie nun die Spannung los, spüren Sie den Unterschied und tasten Sie noch einmal über Ihre Stirn und die Augenbrauen. Sie sind wieder glatter, weicher und lockerer. . . . Vielleicht spüren Sie auch nach der Anspannung noch Falten im Stirnbereich. Sind es Ärgerfalten, Zornesfalten, Sorgenfalten oder Gramfalten? Sofern Sie die Frage beantworten können, wissen Sie auch, mit welchem Thema Sie sich recht bald beschäftigen sollten. Wenn Ihnen die Antwort noch nicht klar ist, können Sie in der nächsten Zeit darauf achten, bei welchen Gelegenheiten Ihre Augenbrauen hochgezogen werden bzw. Ihre Stirn sich in Falten legt. Auch so können Sie die kritischen Themen finden.
Die Anspannungen, die wir im Tiefmuskel-Entspannungs-Training bewußt durchführen, werden in vielen Situationen vorbewußt bzw. unbewußt durchgeführt. Der gravierende Unterschied ist folgender: Die gezielte Anspannung wird zur Unterstützung der nachfolgenden Entspannung durchgeführt, die unbewußte Anspannung führt zur Steigerung der Spannung. Bei dem Ausdruck »Die Zähne zusammenbeißen« wird dieser Zusammenhang recht deutlich. Damit ist gemeint, daß jemand angestrengt und »verbissen« durchhalten will oder soll. Beim Tiefmuskel-Entspannungs-Training kommt es uns auf das bewußte Spüren dieser Empfindung und auf die nachfolgende gezielte Entspannung an. Jede willkürliche Anspannung, die Sie sich bewußt machen und bewußt durchführen, können Sie anschließend leichter lösen.

Also beißen Sie noch einmal die Zähne gegeneinander und spannen Sie Ihre Kiefer! Spüren und fühlen Sie den Druck und die Härte Ihrer Kiefer. Das Hartwerden der Kieferpartie können Sie auch von außen fühlen. . . . Lösen Sie die Kieferspannungen. . . .

Wie bei allen Übungen soll auch hier darauf geachtet werden, daß durch die Anspannung keine Schmerzen entstehen. Personen mit Kieferanomalien oder Zahnersatz sollten nicht mit voller Kraft zudrücken. Die Augenpartie sollten Kontaktlinsenträger und Personen mit Augenkrankheiten weniger stark anspannen. Kontaktlinsenträger könnten die Linsen auch für die Zeit der Übung herausnehmen; dieses muß aber nicht sein. Das gleiche gilt für Brillenträger: nur wenn die Brille bei den Übungen besonders stört, sollte sie abgenommen werden.

Drücken Sie jetzt noch einmal fest Ihre Augen zu. Spüren und fühlen Sie den Druck auf den Augen, die Ausbreitung der Spannung im Kopf und das leichte Flackern. Fühlen Sie, wie die Augen zusammengekniffen sind und die Augenbrauen etwas nach unten gedrückt werden. . . . Bei der anschließenden Lockerung wird Ihnen dieses Gefühl im Kontrasterleben noch deutlicher. . . . Die willkürlich hervorgerufene Druckempfindung im Augen- und Schädelbereich soll nach Beendigung der etwa zehn Sekunden dauernden Anspannung sofort nachlassen und bei Geübten in wohltuende Entspannung übergehen. Sollte die Druckempfindung nicht nachlassen, achten Sie in Zukunft darauf, nicht so intensiv anzuspannen.

Pressen Sie jetzt Ihre Lippen gegeneinander. Das Zusammenpressen kann so kräftig wie möglich geschehen. Achten Sie darauf, die Lippen gegeneinander und nicht die Lippen auf die Zähne zu drükken. Spüren Sie wieder die Spannung und fühlen Sie, wie Mund und Lippen schmaler werden. . . . In der Entspannung spüren Sie, wie die Lippen wieder praller und weicher werden.

Drücken Sie jetzt Ihren Kopf zurück und spüren Sie die Spannung im Nackenschulterbereich. . . . Wer häufig Schmerzen im Schulternackenbereich spürt, dem wird auch jetzt das Zurückdrücken des Kopfes weh tun. Wenn der Schmerz nicht stärker als gewohnt wird, können Sie die Stärke der Anspannung beibehalten. Sollte Ihnen das Gefühl zu unangenehm sein, spannen Sie etwas weniger

stark an und tasten Sie sich jeweils an die Ihnen verträgliche Anspannungsstärke heran. Mit den Kopfbewegungen zur Seite verfahren Sie ähnlich.
In angemessener Form durchgeführt, ergibt sich nach einigen Tagen ein positiver Trainingseffekt. Die Schmerzen lassen dann nach, die Beweglichkeit erhöht sich, und die Stärke der Anspannung kann langsam erhöht werden. Natürlich soll die Anspannung nicht so kräftig werden, daß neue Verkrampfungen oder Verrenkungen entstehen. Es genügt, die Anspannung zu spüren, um das Kontrastgefühl deutlicher wahrzunehmen. Das eigentlich Wichtige ist ja die Entspannung und nicht die Anspannung.
Wenn Sie zunächst das Kinn auf die Brust drücken und das leichte Enge- oder Beklemmungsgefühl erleben, soll dies der Unterstützung der anschließenden Entspannung dienen. Wenn Sie das Beklemmungsgefühl nämlich bewußt hervorrufen, haben Sie es quasi im Griff . . . und können es bewußt wieder loslassen. Diejenigen unter Ihnen, die manchmal oder häufig unter Beklemmungsgefühlen, etwa Atembeklemmung, Zuschnüren des Halses und Angst leiden, wissen den Vorteil der bewußten Regulierung von Beklemmungsgefühlen mit Hilfe des Tiefmuskel-Entspannungs-Trainings sicher zu schätzen. Bei Spannungen im Hals ist auch der Stimmausdruck behindert. Dadurch wird das Sprechen, Rufen, Schreien und Weinen behindert. Wenn sich die Spannungen in die Brust und in die Schultern ausweiten, wird wahrscheinlich das Weinen unterdrückt oder mitmenschliche Zuwendung gesucht. In der psychotherapeutischen Methode Bioenergetik (A. Lowen) werden mit Hilfe von »Körperarbeit« die gestauten seelischen Energien freigesetzt. In der Charakteranalyse (W. Reich) werden die Ver-Spannungen, die sich als Charakterpanzer zeigen, von stationären Energien in freie Energien zurückgewandelt. Das Tiefmuskel-Entspannungs-Training kann eine Linderung solcher Spannungen bringen, jedoch keine Beseitigung. Zur vollständigen Beseitigung von Verspannungen ist die zusätzliche emotionale Bearbeitung der Ursachen notwendig.
Ziehen Sie jetzt Ihre Schultern noch einmal hoch und spüren Sie die Spannung. Ein Muskelziehen kann spürbar werden, wenn die Schultern hochgeschoben werden. Die Muskeln werden härter. . . . Lassen Sie die Spannung wieder los und spüren Sie den Kontrast. . . .

Der Atem kann bei der Anspannung stocken; besonders wenn die Schultern nach vorne gedrückt werden, ist dies oft nicht zu vermeiden. Ansonsten sollte die Atmung, wie auch bei den anderen Übungen, möglichst kontinuierlich weiterfließen. Lassen Sie die Atmung deshalb weitgehend unbeachtet. Ein vorübergehendes Stocken der Atmung ist jedenfalls günstiger als ein gestörter Atemrhythmus, der durch willkürliches Atmen zustande kommt.
Die Übungsteile »Entspannung der Arme« und »Entspannung von Gesicht und Schultern« nehmen je 5 Minuten in Anspruch. Bei Zwischeneinspielung von ruhegetönter Musik kommen noch 5 bis 10 Minuten hinzu, so daß die ersten beiden Übungsteile einen Trainingsaufwand von 10 bis 20 Minuten erfordern. Wenn Sie die Übungen ohne Anleitung durchführen, sind Sie in der Zeitwahl ganz frei.
Wir wenden uns jetzt dem nächsten Übungsteil zu. Die Leibübungen gelingen in einer vornübergebeugten Haltung weniger gut; deshalb ist eine angelehnte Haltung (vgl. Abb. 10) oder die Liegehaltung günstiger.

3. Übungsteil: Entspannung des Leibes

Entspannung des Leibes

Nehmen Sie eine bequeme Haltung ein. Lösen Sie sich, so gut es Ihnen möglich ist. Ihr Atem fließt frei und leicht. – Spüren Sie, wie mit dem Ausatmen die Entspannung zunimmt.
Nun atmen Sie tief ein, so daß Bauch und Brust sich wölben (siehe Abb. 24) *und halten Sie Ihren Atem an ... und atmen Sie aus. Lassen Sie Ihren Bauch und Brustkorb locker; die Luft strömt automatisch aus. Während der Atem ausströmt, merken Sie, wie Sie sich weiter entspannen. Genießen Sie die Entspannung. ... Nun noch einmal: Atmen Sie tief ein, während der übrige Körper so entspannt wie möglich ist, halten Sie den Atem an ... und lassen Sie die Luft wieder ausströmen. Erleben Sie die Erleichterung. Sie atmen ruhig und gelöst. Die Entspannung breitet sich aus über Ihren Bauch, Ihre Brust, Ihre Schultern, Ihren Rücken. Genießen Sie die Entspannung. ...*

Abb. 24: Tief einatmen

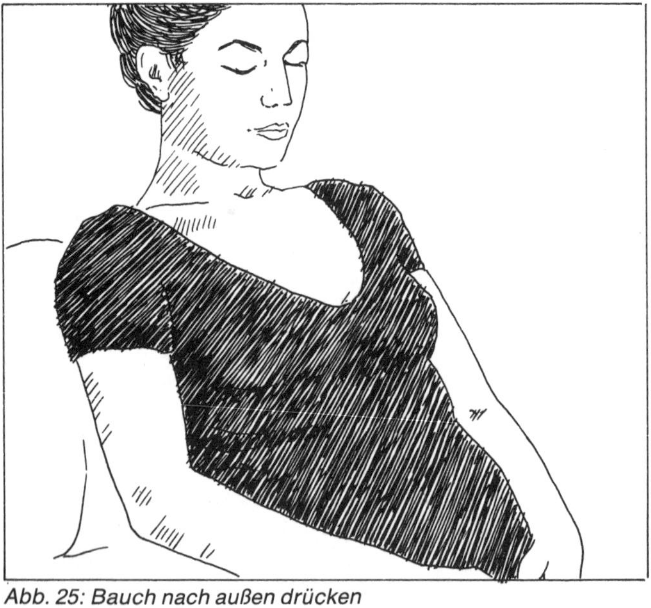
Abb. 25: Bauch nach außen drücken

Abb. 26: Bauch nach innen ziehen

Nun spannen Sie Ihre Bauchmuskeln, indem Sie Ihren Bauch nach außen drücken. (Siehe Abb. 25.) *Machen Sie die Bauchmuskeln ganz fest und hart … und entspannen Sie. Lassen Sie die Muskeln locker und spüren Sie den Unterschied von Anspannung und Entspannung. … Noch einmal: Drücken und spannen Sie Ihre Bauchmuskeln nach außen. Halten Sie die Spannung fest … und nun entspannen Sie wieder. Spüren Sie die Erholung und das Wohlbefinden bei der Entspannung. …*

Nun ziehen Sie Ihren Bauch nach innen. (Siehe Abb. 26.) *Spannen Sie die Muskeln fest an und fühlen Sie diesen Druck. … Nun entspannen Sie. Lassen Sie Ihren Bauch wieder locker. Fahren Sie fort, normal und leicht zu atmen und spüren Sie das angenehm-gelöste Gefühl in Ihrem Leib. …*

Nun ziehen Sie Ihren Bauch nochmals nach innen. Halten Sie die Spannung fest. … Drücken Sie jetzt Ihren Bauch nach außen. Halten Sie auch diese Spannung und erleben Sie den Unterschied. … Und entspannen Sie Ihre Bauchmuskeln. Die Spannung verschwindet und die Entspannung nimmt wieder zu. Jedesmal, wenn Sie ausatmen, spüren Sie die zunehmende Entspannung in Ihrem

Abb. 27: Kreuz nach oben wölben

Brustkorb und in Ihrem Bauch; überlassen Sie sich dem Gefühl der Entspannung. Alle Spannungen in Ihrem Körper lockern sich weiter.

...

Konzentrieren Sie sich jetzt auf Ihren Rücken. Stützen Sie sich dabei mit den Schultern ab. Wölben Sie Ihr Kreuz nach oben. (Siehe Abb. 27.) *Verstärken Sie die Spannung in Ihrem Rücken und in Ihren Schultermuskeln ... und nehmen Sie wieder eine bequeme Haltung ein. Lockern Sie sich. ... Nun heben Sie Ihren Rücken noch einmal. Achten Sie auf die Spannungsgefühle. Lassen Sie den übrigen Körper so entspannt wie möglich; versuchen Sie, die Spannung nur auf Ihren Rücken zu konzentrieren ... und lockern Sie sich wieder. Spüren Sie den Unterschied von Anspannung und Entspannung. Lassen Sie das angenehme Gefühl sich ausbreiten. In Ihren Schultern, Ihren Armen und Ihrem Gesicht nimmt die Entspannung zu. Sie entspannen sich weiter und weiter. ...*

Sie können sich jetzt zur weiteren Vertiefung und Wiederholung der soeben durchgeführten Entspannung ein ruhegetöntes Musikstück einspielen.

Selbsterforschungsübungen:
Lenken Sie Ihr Augenmerk noch einmal auf Ihren Atem. Spüren Sie den ruhigen Fluß, das langsame Auf und Ab Ihres Atems. Vollführen Sie keine willkürliche Änderung des Atemrhythmus, sondern lassen Sie sich von Ihrem Atemrhythmus tragen, schwingen Sie mit. Dank der vorher durchgeführten Entspannungsübungen hat sich die Atmung derart beruhigt, daß Sie die entspannt-rhythmische Atmung jetzt gut wahrnehmen können. Verbinden Sie Ihren Atemrhythmus mit dem Bild einer sanften Brandung oder mit dem Bild eines Kornfeldes, durch das ein leichter Windhauch geht. Diese bildhafte Unterstützung kann noch zur weiteren Einregulierung der Atmung eingesetzt werden.
Die einzige willkürliche Beeinflussung der Atmung werden Sie jetzt durchführen. Atmen Sie tief ein, spüren Sie, wie Brustkorb und Bauch dicker werden, sich wölben. Halten Sie nach 3–5 Sekunden den Atem an; spüren Sie den Druck . . . und lassen Sie nach weiteren 3–5 Sekunden den Atem wieder frei ausströmen. Das Ausatmen können Sie mit dem Ausdruck oder der Vorstellung »Ohmm« begleiten. Spüren Sie die Lockerung und das Freiheitsgefühl bei gelöster Atmung. . . . Das willkürliche Einatmen und Atemanhalten soll nur im Rahmen der Atemübung durchgeführt werden. Eine willkürliche und gepreßte Atmung ist nämlich für den Organismus dann ungünstig, wenn eine solche Atmung längere Zeit andauert und keine gezielte Entspannung folgt. Der Vorteil der hier durchgeführten Atemübung liegt im intensiven Erleben der Atementspannung, die durch den provozierten Kontrast hervorgerufen wird.
Zudem können Sie diese Übung bei Atembeklemmung einsetzen. Bei Beklemmungsgefühlen können Sie nämlich die vorhandene Spannung im Brustbereich und in der Atmung kurzfristig willkürlich mitvollziehen oder verstärken. Bei diesem Vorgehen bekommen Sie die Verspannung der Atemmuskulatur willkürlich »in den Griff« und können anschließend leichter entspannen. Denn alles, was Sie »im Griff« haben, können Sie wieder loslassen. Wenn Sie von Angst und Beklemmung überfallen werden und nichts zur Lösung beitragen, fühlen Sie sich ohnmächtig; wenn Sie sich den Angstthemen stellen und sie bearbeiten, trifft das Gegenteil zu, weil Sie handlungsfähig bleiben.
Eine ehemalige Patientin, die schon lange unter Asthma leidet,

formuliert ihre Erfahrungen mit dem Tiefmuskel-Entspannungs-Training und insbesondere mit der Atemübung folgendermaßen:
»Mit den Atembeschwerden komme ich jetzt besser zurecht, ein Asthmaanfall bringt mich nicht mehr in Panik; vor allem nachts ist mir das Tiefmuskel-Entspannungs-Training eine große Hilfe. Seit ich TE praktiziere, nehme ich keine Beruhigungstabletten mehr.« (Frau L. aus Eschwege.)
Bei der Entstehung von Asthma spielen fehlverarbeitete Erlebnisse und Allergene, das sind Stoffe, auf die der Körper unter bestimmten Bedingungen unangemessen antwortet, die Hauptrolle. Zur vollständigen Beseitigung von Asthma gehört die Aufarbeitung des verdrängten auslösenden Erlebnisses, das an ein bestimmtes Allergen gekoppelt wurde. Wenn die Kopplung von auslösendem Erlebnis und Allergen erst wenige Jahre besteht, ist die Aussicht, Asthma durch innere Bewältigung des meist zugrundeliegenden Trennungserlebnisses (Trennungsschmerz, Trennungsangst) zu beseitigen, recht groß. Wenn die allergische Komponente sich im Laufe der Jahre verselbständigt hat, kann psychotherapeutisch zwar keine Heilung mehr, jedoch Linderung erreicht werden.
Anhand eines Beispiels möchte ich versuchen, Ihnen die hier angesprochenen Zusammenhänge etwas zu verdeutlichen. Ein Asthmapatient berichtet von seinem ersten Asthmaanfall vor rund 30 Jahren: »Als achtjähriger Junge hatte ich nachts im Bett meinen ersten Asthmaanfall. Man hat festgestellt, daß ich gegen bestimmte Bettfüllungen allergisch bin.« – Nach den Tagesereignissen des zuvor verflossenen Tages befragt, berichtete er nach einigem Nachdenken: »Das war ein Wintertag, ein Sonntag, ich hatte mit meinen Eltern eine Schneewanderung gemacht.« – Nach einer Pause stürzte es aus ihm heraus: »Plötzlich war ich ganz allein im Schnee, weit um mich herum war nur weißer Schnee, die Eltern waren nicht zu sehen; ich schrie aus Leibeskräften, die Luft blieb mir weg, ich wurde immer schwächer vor lauter Schreien und Luftnot. Wie ich gefunden wurde und wie ich nach Hause gekommen bin, weiß ich nicht mehr.«
Dieses Erlebnis wurde emotional abgedrängt und in der Nacht wieder aktualisiert, als er vom weißen Überbett träumte, das sich auf seinen Hals schob und ihm die Luft abzudrücken drohte. Der Junge war fortan gegen Daunenüberbetten allergisch. Das Erlebnis wurde verdrängt und das Allergen weitgehend gemieden.

Da das Asthma schon seit vielen Jahren bestand, konnte es durch die Analyse und Aufarbeitung der Entstehungsbedingungen nicht aufgelöst, jedoch gelindert werden. Angstgefühl und allgemeine Beklemmungsgefühle sind wesentlich schwächer geworden.
Nicht immer sind die Auslösesituationen im nachhinein so eindeutig aufzuzeigen. Meistens handelt es sich um länger schwelende Trennungsängste, die verdrängt werden und schließlich im ersten Asthmaanfall auf Körperebene zum Ausbruch kommen.
Leiden Sie unter Atemstörungen, sollten Sie sich mit den hier bestehenden psychosomatischen Zusammenhängen noch intensiver befassen. Hierbei kann Ihnen evtl. das Kapitel »Atmung« in meimem Taschenbuch über Autogenes Training hilfreich sein.*
Lenken Sie Ihre Aufmerksamkeit jetzt noch einmal auf Ihre Bauchmuskeln. Drücken Sie Ihren Bauch nach außen, spüren Sie, wie er dicker, praller, fester und härter wird. Halten Sie die Spannung einige Sekunden lang fest. Spüren Sie die Härte der Bauchmuskeln. Der Atem kann ruhig weiter fließen. Sollten Sie merken, daß Sie Ihren Atem anhalten, können Sie ihn entweder ruhig weiterfließen lassen oder bis zum Loslassen der Bauchspannung angehalten lassen. Auch hier gilt, wie bei den anderen Übungen: den Atem möglichst wenig beachten, damit möglichst wenige Störungen des Atemrhythmus zustande kommen.
Nun ziehen Sie Ihren Bauch nach innen. Stellen Sie sich vor, jemand wollte Ihnen einen Magenschlag versetzen; Sie reagieren darauf mit einem Einziehen des Bauches. Der eingezogene Bauch fühlt sich fest und hart wie ein Brett an. Spüren und fühlen Sie Ihren Bauch in der Anspannung und bei der nachfolgenden Entspannung.
Bei der letzten Übung des 3. Teils geht es um das Strecken und Hochwölben des Kreuzes. Wir legen dabei am besten die Schultern zurück auf die Rückenlehne und drücken Kreuz und Rücken nach oben, indem wir ein Hohlkreuz machen. Spüren Sie die Spannung und das Ziehen im Kreuz. Überprüfen Sie, ob andere Körperteile, etwa Arme oder Beine, mit in Anspannung geraten sind und lokkern Sie diese Spannungen bevor Sie die Rückenanspannung auflösen. Erleben Sie den Kontrast.

---

* Helmut Brenner: Autogenes Training – Schritt für Schritt. ht 336. München, 1978

Wie bei den Schulterübungen können auch hier anfangs Ziehen oder sonstige unangenehme Empfindungen auftreten. In solchen Fällen ist das gleiche wie früher beschrieben zu beachten.
Im Leibbereich macht sich während der ersten Übungen in seltenen Fällen ein Druck, ein Ziehen oder ein Kribbeln bemerkbar. Solche Empfindungen können auftreten, wenn Operationen in diesem Bereich durchgeführt worden sind. Kribbeln zeigt in solchen Fällen eine Mehrdurchblutung im Operationsbereich an, Ziehen weist auf die Narbe hin und Druckschmerz bedeutet in vielen Fällen »Erinnerungsschmerz.« Wenn die Narbe mit Nachdruck an einen Unfall bzw. an eine Operation erinnert, dann liegt die Vermutung nahe, daß das zugrundeliegende Erlebnis noch nicht genügend aufgearbeitet ist und die unangenehmen Empfindungen ins Körperliche abgedrängt wurden. In diesem Zusammenhang wird auch der Begriff »Erinnerungsfähigkeit des Gewebes« benützt. Das Gewebe scheint abgedrängtes Erleben als Druckgefühl speichern zu können. Da jedoch eine Trennung von Erlebniserinnerung und Druckgefühl stattgefunden hat, kann der Zusammenhang bei auftretendem Druckgefühl nicht gesehen werden. Wenn Sie sich den möglichen Zusammenhang klarmachen und die abgedrängten schmerzlichen Auslösererlebnisse wieder bewußt machen, verschwinden die Druckempfindungen innerhalb weniger Tage. Sollten Druckempfindungen nach 2–3 Tagen immer noch während der Übungen auftreten, ist eine Untersuchung und eine dem Ergebnis entsprechende Therapie anzuraten.
Bei einer ärztlichen Untersuchung sollten natürlich auch die möglichen emotionalen Hintergründe mit in Betracht gezogen werden. Welchen »Leidensweg« ein verbissener und verkrampfter Patient im Rahmen der nur-medizinischen Ursachendiagnostik ging, um die Ursache seiner Schulterverkrampfung zu klären, zeigt folgendes Beispiel: Herr Z., 44 Jahre, litt unter Schmerzen in der rechten Schulter und im rechten Arm. Da der Blutdruck und ein blutchemischer Wert erhöht waren, wurden die Nieren als Ursache in Betracht gezogen und diverse Untersuchungen durchgeführt. Der Chirurg erklärte schließlich dem Patienten, daß eine Nierenoperation nicht in Betracht käme, seine Nieren seien gesund. Wahrscheinlich hätte er aber eine Gefäßarteriosklerose. Der Patient begab sich in stationäre Behandlung. Diagnose: Essentielle Hypertonie. Der Patient glaubte zu unrecht, mit dieser Diagnose wäre die

Arterienverkalkung bestätigt; er meinte, nichts mehr wert zu sein. Ein halbes Jahr später erlitt der Patient einen Herzinfarkt. Er war total verunsichert.
Erinnern Sie sich an den Ausgangspunkt: die Schmerzen in der rechten Schulter. Die Schmerzen stellten sich insbesondere nach emotionalen Belastungssituationen ein. Emotional belastend war für den Patienten bereits das Autofahren. Er krallte sich in solchen Situationen mit der rechten Hand in das Polster des Sitzes und lenkte mit der linken Hand. Im Beruf versteckte er in Spannungssituationen die verkrampften Hände unter dem Tisch oder hinter dem Rücken. – Bei diesem Mann hätte bereits eine Situationsdiagnostik ausgereicht, um den richtigen Behandlungsweg zu zeigen. Soviel zu dieser sicherlich außergewöhnlichen Krankheitsgeschichte.
Dieses Beispiel kann uns zeigen, daß wir öfter bei uns selbst und unserem Verhalten die Ursachen von Störungen suchen und nicht die Auswirkungen wie Hypertonie oder Veränderung biochemischer Werte als Ursachen für andere Körperstörungen (z. B. Kopfschmerzen, Herzinfarkt, Magengeschwür) verantwortlich machen sollten. Natürlich kann eine Hypertonie weitere Krankheitsfolgen haben; die Ursachenanalyse müßte allerdings noch einen Schritt weiter zurückgehen und nach den Ursachen einer Hypertonie fragen.

4. Übungsteil: Entspannung der Beine und der Gesamtperson

Entspannung der Beine und der Gesamtperson

Bleiben Sie entspannt und genießen Sie die innere Ruhe. ... Strecken Sie jetzt Ihre Beine nach vorne und spannen Sie Ihr Gesäß und Ihre Oberschenkel an. (Siehe Abb. 28.) *Verstärken Sie die Anspannung ... und entspannen Sie. Erleben Sie den Unterschied von Spannung und Entspannung. ... Spannen Sie Ihr Gesäß und die Muskeln Ihrer Schenkel noch einmal, halten Sie die Spannung fest. ... Entspannen Sie nun Ihr Gesäß und Ihre Beinmuskeln. Lassen Sie die Entspannung sich ausbreiten. ...*
Drücken Sie nun Ihre Füße und Zehen nach unten, weg vom Gesicht, so daß Ihre Wadenmuskulatur gespannt wird. (Siehe Abb. 29.) *Spüren Sie die Spannung ... und entspannen Sie Ihre Füße und Waden. Erleben Sie die Auflösung der Verspannung. ...*

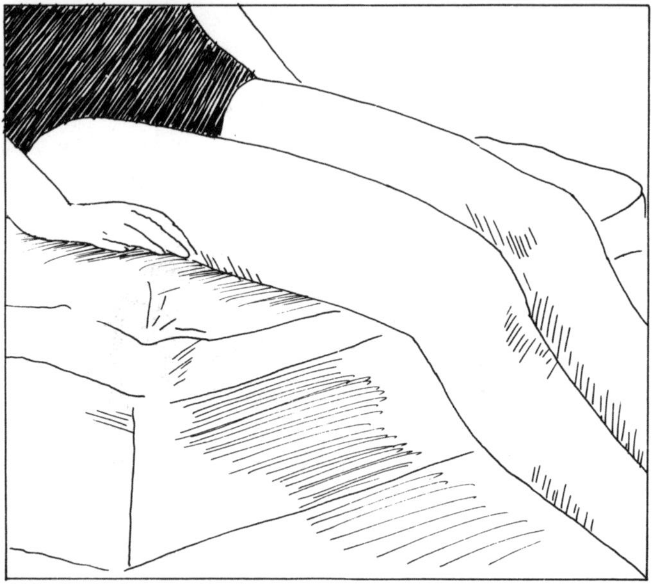

Abb. 28: Beine ausstrecken

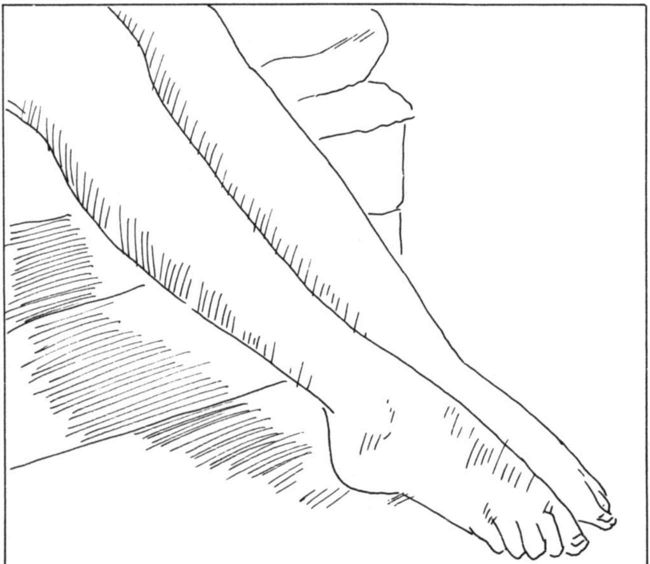

Abb. 29: Zehen nach unten drücken

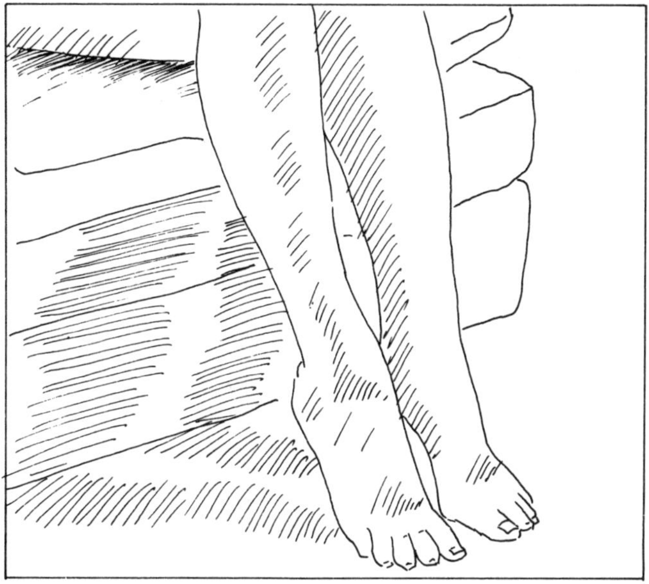

Abb. 30: Fersen heben

Ziehen Sie die Beine jetzt näher an den Körper heran und stellen Sie die Fußsohlen ganz auf den Boden. Heben Sie nun die Fersen. (Siehe Abb. 30.) *Verstärken Sie die Anspannung. … Lassen Sie die Fersen und Beine wieder locker. Spüren Sie die Lösung der Spannung in den Beinen. …*

Beugen Sie diesmal Ihre Füße in Richtung auf Ihr Gesicht. (Siehe Abb. 31.) *Bringen Sie Ihre Zehen weit nach oben und spüren Sie die Spannung in Ihren Schienbeinen. … Entspannen Sie wieder.*
Stellen Sie sich jetzt auf tiefe Entspannung ein. Entspannen Sie Ihre Füße – Ihre Waden – Ihre Schienbeine – Ihre Knie – die gesamten Beinmuskeln – das Gesäß – die Hüften. Erleben Sie die Schwere Ihres Unterkörpers, während sich die Entspannung weiter ausbreitet. …

Dehnen Sie die Entspannung auch auf Ihren Bauch aus – und auf Ihr Kreuz. Lassen Sie sich mehr und mehr gehen. Fühlen Sie die Entspannung. Sie breitet sich weiter aus über Ihren Rücken – Ihre Brust – Ihre Schultern und Arme – bis in die Fingerspitzen hinein.

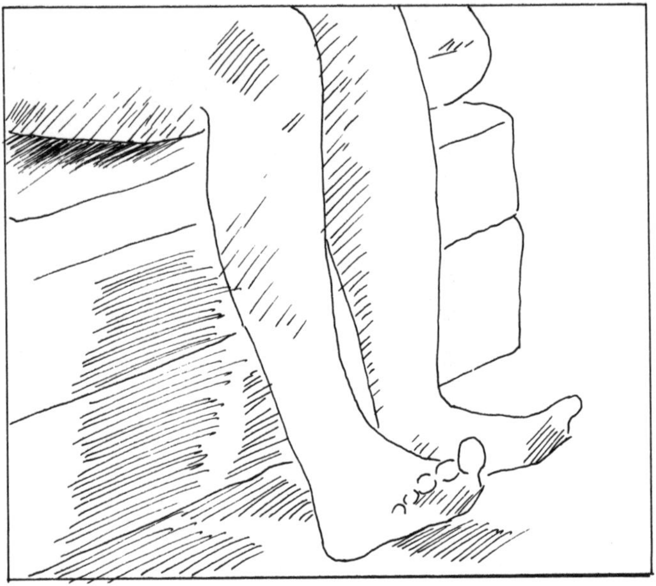

Abb. 31: Zehen heben

Entspannen Sie vollkommen. ... Lösen Sie alle Spannungen in Ihrer Kehle. Entspannen Sie Ihren Nacken und Ihre Kiefer und Ihre übrigen Gesichtsmuskeln. Ihr Atem fließt frei und ruhig. Ihre locker geschlossenen Augen vertiefen die Entspannung noch weiter. ... Genießen Sie Ihre Ruhe und Versunkenheit. ...

In völliger Entspannung widerstrebt es Ihnen, auch nur einen Muskel Ihres Körpers zu bewegen. Denken Sie an die große Mühe, die es Ihnen machen würde, wenn Sie Ihren rechten Arm heben sollten. ... Prüfen Sie, ob bei diesem Gedanken irgendeine Spannung in Ihren Schultern oder Ihren Armen entstanden ist. ... Nun beschließen Sie, Ihren Arm nicht zu heben; bleiben Sie weiterhin ruhig und tief entspannt. ... (Siehe Abb. 32.)

Bevor Sie aktivieren, können Sie sich wieder ein ruhegetöntes Musikstück einspielen und/oder die Übungen nochmals konzentriert durchgehen.

Wenn Sie die Übung beenden möchten, nehmen Sie das Schweregefühl zurück, indem Sie die Arme ruckartig anziehen und wegstrekken. Sie fühlen sich gelassen, erfrischt und angenehm ruhig.

Selbsterforschungsübungen:
Spüren Sie wieder Ihr Gesäß und Ihre Oberschenkel und spannen Sie diese fest an; spüren Sie die unterschiedliche Spannung. Spüren Sie, wie die Gesäßbacken und Hüften zusammengedrückt werden, wie der Körper dadurch minimal angehoben wird, wie die Schenkel härter werden. . . . Lösen Sie die Spannung dann wieder und erleben Sie das angenehme Durchströmtwerden der Beine und genießen Sie die bequemere, selbstsichere Sitzhaltung . . .

Abb. 32: Tief entspannt

Bei ausgestreckten Beinen drücken Sie nun die Füße und Zehen nach unten und spüren die Spannung in der Wadenmuskulatur sowie in den Füßen. Erleben Sie das leichte Ziehen in den Waden und Füßen, und achten Sie darauf, nicht so stark anzuspannen, daß ein Krampf auftritt. . . . Und lösen Sie die Spannung wieder. . . . Sollte einmal ein Krampf auftreten, können Sie versuchen, den Krampf willkürlich nachzuvollziehen, ihn evtl. noch etwas zu verstärken und dann langsam die Spannung loszulassen. Für das Anheben der Fersen gilt das gleiche. Heben Sie jetzt die Fersen und spüren Sie den Druck in den Waden, in den Schienbeinen und Füßen. Nehmen Sie das ziehende Gefühl wahr und spüren Sie die Härte im unteren Teil des Beines. . . .
Spüren Sie den Kontrast, der nach der Anspannung in der Entspannungsphase zustande kommt.

Beugen Sie jetzt Ihre Füße und Zehen nach oben und nehmen Sie die Anspannung in den Schienbeinen, Waden und Füßen wahr. Spüren Sie wieder die Härte im Bein . . . und die Auflösung der Spannung und die Ausbreitung der Entspannung bei der Lockerung. Inzwischen sind auch Ihre Füße und Beine warm geworden, falls sie vor den Übungen kühl oder kalt waren.
Machen Sie jetzt eine vorgestellte Wanderung durch Ihren Körper, um die Selbsterfahrung zu vertiefen und Restspannungen zu lösen. Beginnen Sie bei den Füßen. Spüren Sie Ihre Füße. Wie fühlen sie sich an? Warm? Pulsierend? Schwer? Sind noch Spannungen vorhanden, die Sie jetzt lösen können?

Wandern Sie systematisch von unten nach oben durch Ihren Körper. Spüren Sie Ihre Waden, Ihre Schienbeine, Ihre Knie, die Oberschenkel, das Gesäß, die Hüften. Erleben Sie die Schwere Ihres Unterkörpers, die Tiefe der Entspannung. Spüren Sie Ihr Kreuz – Ihren Bauch – Ihre Brust – Ihre Atmung – Ihre Schultern – Ihre Arme – Ihre Hände – Ihre Finger.

Die Entspannung dehnt sich weiter auf Ihren Kopf aus. – Spüren Sie Ihren Hals – Ihren Nacken – Ihre Kiefer – Ihre Lippen – Ihre Augen – Ihre Augenbrauen – Ihre Stirn. – Fühlen Sie die umfassende Entspannung, die wohlige Wärme und Schwere des ganzen Körpers.

Bevor Sie wieder aktivieren, können Sie, wenn Sie wollen, noch einige Minuten mit oder ohne Musikuntermalung in dem jetzt

erreichten Entspannungszustand bleiben und das angenehme Schwere- und Wärmegefühl einfach genießen.
Die Entspannungsgefühle müssen nicht immer so intensiv sein wie soeben beschrieben. Die erreichbare Entspannungstiefe hängt von vielen situativen Momenten, von äußeren und inneren Bedingungen ab. Aus einer relativ ruhigen Ausgangssituation heraus ist ein tieferer Entspannungsgrad zu erreichen als aus einer erregten Stimmung heraus. Die Ausgangsbedingungen sind nebensächlich, wenn wir als allgemeines Ziel der Entspannung eine Senkung der Ausgangsanspannung ansehen. Unter Einsatz von Entspannungsübungen wird aus einer hochgradigen Anspannung oder Erregung eine mittelmäßige, aus einer mittelmäßigen eine geringe und aus einer geringen Anspannung eine tiefe Entspannung.
Dabei sollte sich jeder überlegen, wann er Entspannungsübungen am sinnvollsten einsetzen kann. Hierzu einige Zitate:
»Seit einem Jahr führe ich das Tiefmuskel-Entspannungs-Training regelmäßig morgens vor Dienstbeginn durch, da ich die Erfahrung gemacht habe, daß ich durch diese Übungen gelassener und ruhiger morgens meine an und für sich hektische und angespannte Arbeit beginne. Ich bin im ganzen weit gelöster.« (Frau D. aus Frankfurt.)
»Die TE-Wirkung bei Belastung durch Ärger usw. war verblüffend und schuf sofort den seelischen Ausgleich.« (Herr T. aus Berlin.)
»Ich kann dieses Entspannungs-Training jedem empfehlen, der einen Herzinfarkt hatte wie ich bzw. in Gefahr ist, einen zu bekommen. Bei den Übungen löst sich die innere Verkrampfung.« (Herr V. aus Minden.)
»Nunmehr führe ich fast jeden Abend das Tiefmuskel-Entspannungs-Training durch. Diesem Training hat sich auch meine Frau angeschlossen, und wir haben beide mit dieser Behandlungsmethode Erfolg.« (Herr S. aus Bocholt.)
»Ich bekomme nachts oft Herzanfälle, wobei ich mich bemühe, das Tiefmuskel-Entspannungs-Training auszuüben. Es gelingt mir nicht immer, mich gut zu entspannen, denn oftmals ist mir so übel, daß ich erbrechen muß und Kältegefühle auftreten. Das Kältegefühl geht durch das Training meistens vorüber.« (Frau R. aus Soltau.)
»Ich hatte im August einen schweren Bergunfall mit Knochenbrüchen und Bänderrissen. Während der dreistündigen Wartezeit auf den Rettungshubschrauber und der nachfolgenden Operationen

haben mir die Tiefmuskel-Entspannungs-Übungen außerordentlich geholfen. Auch in den ersten Monaten nach dem Unfall hat mir die Beherrschung der Muskelentspannung sehr geholfen und mir sicher viele Schmerzen (im Vergleich zu anderen Patienten) erspart.« (Frau S. aus Frankfurt.)
»TE und Literaturstudium haben zu einer Veränderung meines eigenen Lebenswandels und zur Entspannung der seelischen Belastungen geführt. Rückblickend kann ich jedem Erkrankten ein Tiefmuskel-Entspannungs-Training empfehlen.« (Herr B. aus Bochum.)

Ergänzungsübungen: Entspannung mit Musik

Bei der Erläuterung des Entspannungs-Trainings habe ich einige Male auf die Möglichkeit hingewiesen, das Entspannungs-Training musikalisch zu unterstützen. Dabei denke ich weniger daran, den gesprochenen bzw. gelesenen Übungstext musikalisch zu unterlegen. Solche musikalischen Unterlegungen können leicht irritierend und ablenkend wirken. Vielmehr denke ich daran, im Anschluß an jeden Übungsteil ein ruhegetöntes Musikstück einzuspielen, welches wie folgt genutzt werden kann:

1. Sich von der Musik tragen lassen, mitschwingen
2. Die vorher durchgeführten Übungen wiederholen
3. Teile der Übungseinheit wiederholen
4. Die Übungen gedanklich durchgehen
5. Eine Erkundungsreise durch den Körper machen
6. Sich in bestimmte Körperpartien hineinspüren
7. Desensibilisierungsübungen durchführen (vgl. letzter Teil dieses Buches).

Die Vorschläge 2–7 können auch ohne musikalische Untermalung realisiert werden.
Welche Art von Musik eignet sich für das Grundtraining? Die grundsätzliche Antwort habe ich bereits gegeben: möglichst ruhegetönte Musik. Bei Ihrer Wahl brauchen Sie nicht auf bestimmte musikalische Stilrichtungen zu achten, sondern auf die Wirkung der Musik. Ein bestimmter Bluestitel kann z. B. eine beruhigendere Wirkung ausüben als ein bestimmtes klassisches Musikstück – und umgekehrt.

Wenn Sie jetzt über passende Musik nachdenken, fallen Ihnen wahrscheinlich Ihre Lieblingsstücke ein. Diese eignen sich jedoch nur bedingt für unsere Zwecke. Stark melodische oder stark rhythmische Stücke sind nämlich im Entspannungs-Zusammenhang nicht empfehlenswert.

Mozarts »Kleine Nachtmusik« oder Tschaikowskys 1. Klavierkonzert oder Stücke von Richard Claydermann gespielt sind sicher »Balsam für die Seele«, aber als Ergänzung des Entspannungs-Trainings ungeeignet.

Aus dem zur Verfügung stehenden Musikrepertoire halte ich folgende Stücke für geeignet, das Entspannungs-Training zu unterstützen:

»Klassische Musik«

Ludwig van Beethoven: Sonate Nr. 14, op. 27 Nr. 2, Mondscheinsonate, 1. Satz
Robert Schumann: Träumerei (aus Kinderszenen, op. 15)
Claude Débussy: Clair de lune (aus Suite Bergamasque)
Frédéric Chopin: Prélude, op. 28, Nr. 15
Jacques Offenbach: Barcarole (aus Hoffmanns Erzählungen)
Johann Sebastian Bach: Air (Panflöte Catalin Tircolea, MCR 1702)
»Adagio«, Klass. Musik zur Entspannung (Decca/2001 Nr. 34021)
»Stille«, Musik zur Entspannung (DGG/2001 Nr. 34071)

»Volksweisen«

Volkslieder sollten in traditioneller Fassung und nicht in Schlagerinterpretation verwendet werden.
Am Brunnen vor dem Tore (dtsch.)
Der Mond ist aufgegangen (dtsch.)
Kirschblüte (dtsch.)
Drunten im Tale (amerik.)
Greensleeves (amerik.)
Eintönig klingt . . . (russ.)
Mes ston kambo (griech.)

»Meditative Musik«

Peter Hamel: Beyond the wall of sleep (Wergo SN 1013)
Eberhard Schoener: Music for Meditation (Ariola 62844)
Gregorianische Gesänge aus Assisi (DGG 2726004)
Deuter: Egstasy (Kuckuck E.R.P. LC 2099-049/050)
Kitaro: Silk Road (Kuckuck E.R.P. LC 2099-051/052)
Paul Horn: Inside the great pyramid (2001 Nr. 34016)

Stephan Micus: Till the end of time (ECM Japo 60026)
Terry Riley: A rainbow in curved air (CBS 64564)

»Unterhaltungsmusik«
Acker Bilk: Stranger on the Shore (Ariola PRT 203527-270)
Georges Moustaki: En Méditerranée (Polydor 2393019)
Count Basie: After Supper (Roulette VR 56012)
Cora Vocaire: Trois petites notes de musique (Columbia C 22 163)
Paul Simon: El Condor Pasa (CBS S 69003)
Harry Belafonte: Scarlet Ribbons (RCA 45-1315)
Fleetwood Mac: Albatros (CBS/Europa 511411.0)
Gheorghe Zamfir: Cintec din Ardeal (Cellier 003) oder Bilitis
Gert Wilden: Orfeu (aus Orfeu Negro) (Ariola 45-35359)
Auf der fertig produzierten Cassette »Tiefmuskel-Entspannungs-Training« (vgl. S. 49) werden zwei klassische Musikstücke und zwei Musikstücke aus dem Unterhaltungsbereich verwendet. Nach der Entspannung der Arme wird ein Ausschnitt aus Ludwig van Beethovens Mondscheinsonate mit Friedrich Gulda, Klavier, eingespielt. Im Anschluß an die Entspannung von Gesicht und Schultern folgt »Air«, gespielt auf Panflöte von C. Tircolea. An die Entspannung des Leibes schließt sich wieder ein klassisches Klavierstück an, das »Clair de lune« von Claude Débussy, gespielt von Thomàs Vàsàry. Das letzte Stück, das nach der Entspannung der Beine und der Gesamtperson eingespielt wird, ist die »Barcarole« von Jacques Offenbach, gespielt vom Philharmonia Orchester London, dirigiert von H. v. Karajan.

Entspannungs-Wahrnehmungen und Erfolgskontrolle

Bei den einzelnen Entspannungs-Übungen haben wir die spezifischen, im Augenblick der Entspannung auftretenden Entspannungs-Wahrnehmungen bereits genannt. Jetzt sollen die längerfristig zu erwartenden Wahrnehmungen und Effekte beschrieben und die kurzfristig auftretenden, die Ihnen zu Ihrer Übungserfolgskontrolle dienen können, zusammengestellt werden: Längerfristig gesehen dient das Entspannungs-Training der allgemeinen Gesundheitsvorsorge; dies ist mit einem Weniger von Krankheit und einem Mehr von individueller und sozialer Zufriedenheit gleichzusetzen. Auch psychisches und soziales Wohlbefinden kann durch die gelassene, ausgeglichene Haltung, die durch ein ganzheitlich angewendetes Entspannungs-Training gefördert wird, hervorgerufen werden. Lebensqualität ist in erster Linie ein psychisches, in zweiter Linie ein soziales und erst in dritter Linie ein materielles Thema. Mit Erich Fromm gesprochen, gehören die wesentlichen menschlichen Erfahrungen dem Bereich »Sein« und nicht dem Bereich »Haben« an. Die Zunahme von Seinsgefühl, von positivem Körpergefühl, von menschlichem und mitmenschlichem Erleben kann ein wertvolles Ergebnis des konsequent angewendeten Entspannungs-Trainings sein. Diese Konsequenz beinhaltet, daß Sie bereit sind oder bereit werden, bestimmte Aspekte Ihres bisherigen Lebens in Frage zu stellen, was sicher nicht einfach ist. Das Durcharbeiten dieses Buches führt Ihnen die Wichtigkeit der Reflexion vor Augen und erleichtert sie Ihnen gleichzeitig. Erleichternd wirkt sich das bereits früh im Training auftretende Entspannungs-Gefühl aus. Es hilft Ihnen, sich auch schwierigeren Themen und Konflikten zu stellen, ohne gleich in unerträgliche Unruhe mit nachfolgender innerer Flucht zu verfallen. Es ist ein großer Erfolg des Entspannungs-Trainings und Ihrer eigenen Arbeit, wenn in Zukunft weniger Flucht- und Vermeidungsversuche stattfinden und damit weniger Krankheiten auftreten, die als Folgen von seelischer Flucht und Vermeidung anzusehen sind. Die aus innerer Spannung heraus erwachsenden Fluchtfolgen sind z. B. Neurosen, Kopfschmerzen, Asthma, Magengeschwür, Herzinfarkt, Suchtkrankheiten. Nähere Erläuterungen zu den hier angesprochenen Zusammenhängen finden Sie in Abb. 3: Bedingungsgefüge der gesundheitsschädigenden Risiken (siehe S. 20–21) und in Abb. 40: Reaktionsmöglichkeiten bei Ängsten und Konflikten (siehe S. 129).

Ein entspannter Mensch wird freier, gelöster, gelassener, gesünder, wobei der Satz von H. Heyer gilt: »Nur wer sich läßt, der wird gelassen.« Darin steckt sowohl eine Bedingung als auch eine große Chance.

Damit wir bei der Beschäftigung mit den umfassenderen Zielen die unmittelbaren Ziele nicht aus den Augen verlieren, folgt jetzt eine Auflistung von Entspannungs-Wahrnehmungen, die der Erfolgskontrolle dienen können:

- Warme Hände, Arme, Beine, ganzer Körper

Diese Empfindungen zeigen eine Durchblutungsförderung an. Die zunehmende Wärme ist mit einem Temperaturfühler meßbar. Sie kann auf der Hautoberfläche um einige Grad Celsius zunehmen.

- Prickeln, Kribbeln in Händen, Armen, Beinen, Körper

Diese Empfindungen zeigen, daß in den betroffenen Bereichen akute oder chronische Durchblutungsstörungen vorliegen und momentan eine intensive Mehrdurchblutung stattfindet.

- Schweregefühl in Händen, Armen, Beinen, ganzem Körper

Diese Empfindungen zeigen fortgeschrittene Muskelentspannungen an.

Die Muskelentspannung kann mittels eines Elektromyographen aufgezeichnet werden. Die Abb. 33 zeigt eine solche Muskelschrift. Je flacher die untere Kurve ist, desto entspannter ist die gemessene Muskelpartie. Die obere Kurve zeigt das gleichzeitig mitgeschriebene Elektrokardiogramm.

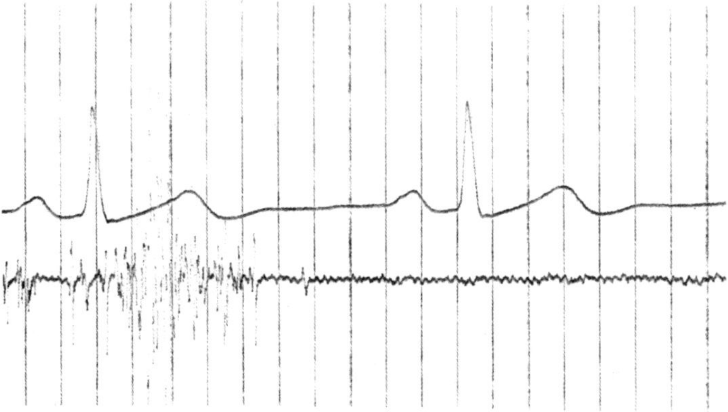

Abb. 33: EKG- und EMG-Ausschnitt

- Gelöste Lippen, Kiefer, Augen, Stirn

Wer verbissen oder verkniffen an die Alltagsprobleme herangeht und im Laufe der Zeit diese Eigenarten verinnerlicht hat, wird sich beim Entspannungs-Training zunächst seiner Verspannungen im Kiefer-, Lippen-, Augen- und Stirnbereich bewußt werden. Die größere Bewußtseinsnähe der ansonsten unbemerkten Daueranspannungen hat den Vorteil, daß Sie in Zukunft öfter an diese kritischen Bereiche erinnert werden und entspannend gegenregu-

lieren können. Sollte der Kopfdruck sich weiter verstärken und bei der Entspannung nicht schwächer werden, muß die Anspannung im Augen- und Stirnbereich etwas schwächer gestaltet werden.
Das angenehme und erstrebenswerte Gefühl bei der Kopfentspannung wird als weicher, glatter und gelockerter als vorher beschrieben. Chronische Verspannungen im Kiefer- und Augenbereich sowie Kopfschmerzen können sich sofort verringern und bei weiterem Training ganz abgebaut werden.

- Locker entspannte Schulterpartie, Nacken, Hals

Unter Schulternackenverspannungen leiden heutzutage sehr viele Menschen. Wundern Sie sich daher nicht, wenn Sie bei den Übungen zunächst Ihre Muskelverhärtungen in Form von Schmerzen wahrnehmen. Das Schmerzgefühl soll jedoch nur ansatzweise spürbar werden; wenn es stärker wird, halten Sie sich in der ersten Zeit mit der Kraft der Anspannung zurück.
Frau B. aus Berlin wendet die Übungen bei akuten Schmerzen an. Sie schreibt u. a.: »Als Technische Zeichnerin bin ich zeitweilig überbeansprucht; dann habe ich Schmerzen im Schulter-Hals-Bereich. Da ich vor Schmerzen nicht einschlafen kann, erinnere ich mich an Ihr Tiefmuskel-Entspannungs-Training. Meistens bin ich unmerklich eingeschlafen und ohne Schmerzen erwacht. Es hilft!«
Als mittelfristiger Trainingseffekt wird ein Nachlassen der Verhärtung und damit der Schmerzen eintreten, und die Beweglichkeit wird sich erhöhen.
Bei der Anspannung des Halses wird ein leichtes Beklemmungsgefühl bewußt hervorgerufen. Die angenehme Folge der Entspannung ist ein Befreiungsgefühl und eine über den Ausgangszustand hinausgehende Lockerung im Hals- und Brustbereich.

- Locker-gelöster Leib- und Genitalbereich

Besonders diejenigen unter Ihnen, die mit Leib- und Sexualbeschwerden zu tun haben, werden sich über Entlastungen in diesen Bereichen freuen. Regulierungen der Verdauung kündigen sich mit Gluckern und Kullern in den Därmen an, Mehrdurchblutung zeigt sich als Kribbeln oder Wärmegefühl. Bei Hämorrhoiden zeigen diese Empfindungen eine positive Durchblutungsförderung in der Analzone. Durch gezielte An- und Entspannung des Afters können im Rahmen unseres Entspannungs-Trainings Hämorrhoidenleiden gut angegangen werden.

Die positive Beeinflussung von sexuellen Störungen ergibt sich als Effekt des gesamten Entspannungs-Trainings. Wie Sie wissen, reagiert die Sexualfunktion auf Störungen und seelische Spannungen sehr empfindlich. In der Entspannung verringern sich auch eventuell vorhandene Leistungs- oder Versagensängste, die die Lustempfindungen blockierten.

- Regelmäßig-ruhiger Puls; normaler Blutdruck

Die Blutdruckwerte werden durch das Entspannungs-Training weitgehend normalisiert. Besonders die labilen Blutdruckverhältnisse lassen sich durch Entspannungs-Übungen recht gut einregulieren. Ein normaler Blutdruck solle die Grenzmarken von 160 für den systolischen und 95 für den diastolischen Blutdruckwert auch in Streßsituationen nicht übersteigen. (Vgl. Abb. 34.)

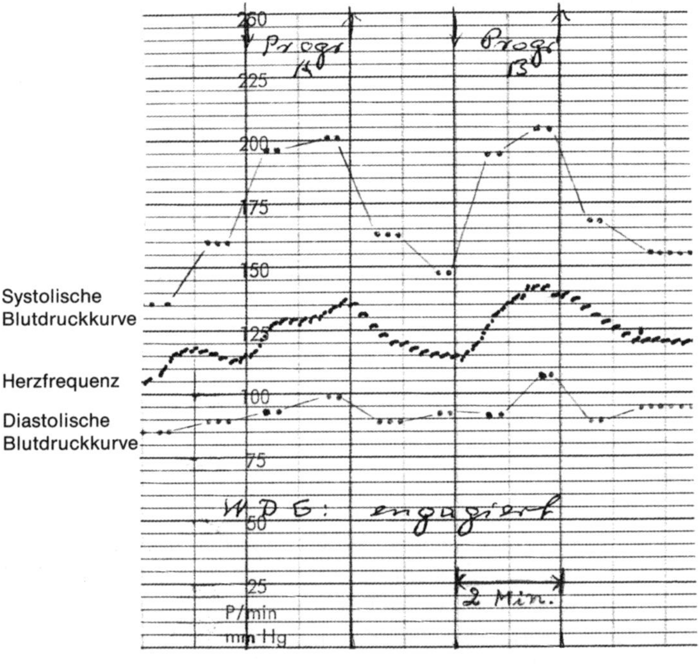

Abb. 34: Blutdruck- und Herzfrequenzreaktionen während emotionaler Belastungsprogramme (Streßprogramm A und B) und in Ruhesituationen (Ruhe jeweils vor und nach den emotionalen Belastungssituationen)

Die Abb. 34 zeigt Ihnen, wie bei dem Patienten in emotionalen Belastungssituationen die normalen Blutdruckwerte plötzlich weit überschritten werden. In Ruhesituationen bewegen sich die Werte an der oberen Normalitätsgrenze entlang. Auch bei der Herzfrequenz zeigen sich die Erregung und die Entspannungs-Schwierigkeiten des Patienten. Sein Reaktionsverhalten am Streßsimulationsgerät WDG (»Wiener Determinationsgerät«) ist engagiert und angespannt, wobei ihm überdurchschnittlich viele Fehler unterlaufen. Wir machen oft die Feststellung, daß ein überengagiertes, hektisches und angespanntes Arbeitsverhalten nicht zu einer höheren qualitativen Leistung führt. Ein locker-engagiertes, entspanntes Arbeitsverhalten führt zu optimalen Leistungsergebnissen und ist wesentlich gesünder, weil hierbei weniger pathologische, d. h. krankhafte Blutdruckwerte zustande kommen. Das Entspannungs-

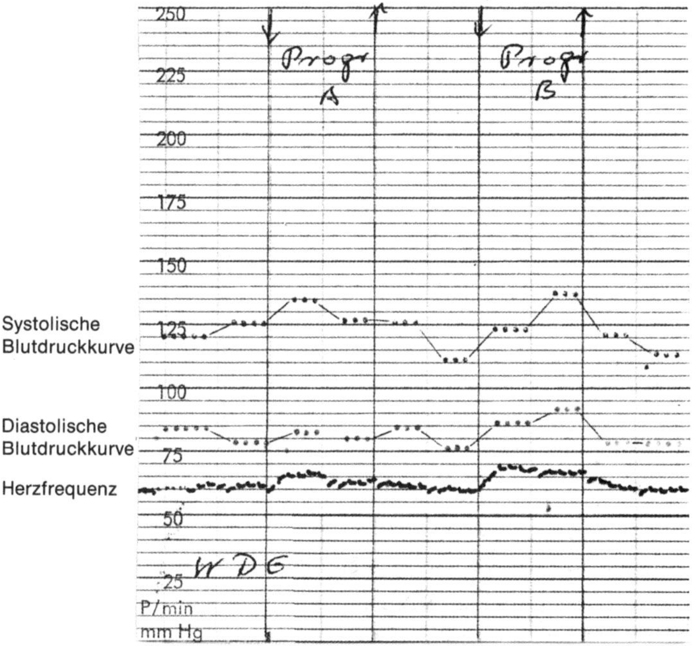

Abb. 35: Blutdruck- und Herzfrequenzkurven (vgl. Abb. 34)

Training wird Ihnen helfen, den Blutdruck in konkreten Belastungssituationen weniger stark ansteigen zu lassen; es kann dazu führen, daß der Blutdruck sich insgesamt normalisiert, wie die Abb. 35 auf Seite 93 zeigt.

Das gesamte Spannungsniveau ist hier niedriger, und damit sind es auch die Blutdruckwerte. Während der Streßbelastung kommen noch leichte und natürliche Blutdruck- und Herzfrequenzerhöhungen zustande, die kein pathologisches Ausmaß mehr erreichen.

In der Rehabilitationsklinik der BfA in Bad Salzuflen führte der Leitende Arzt Dr. F.-L. Schmidt vor einiger Zeit eine Verlaufsuntersuchung bei Patienten durch, die bei 3 Blutdruckmessungen in der ersten Woche ihres Kuraufenthaltes stets erhöhte Blutdruckwerte hatten. Bei diesen Patienten wurden dann Blutdruckmessungen unter emotionalem Streß durchgeführt (vgl. Abb. 34). Nach einem vorher festgelegten Zuteilungsschema wurden danach bei diesen Patienten folgende Maßnahmen durchgeführt:

1. Medikamenteneinnahme Modenol
2. Medikamenteneinnahme Visken
3. Keine gezielte blutdruckbeeinflussende Therapie
4. Gezielt-entspannende Therapie

Nach 3 Wochen wurde eine der ersten Untersuchung gleichwertige Streßbelastung durchgeführt, und die aufgezeichneten Werte wurden miteinander verglichen. Die Ergebnisse können Sie der Abb. 36 entnehmen.

Interessant bei diesen Ergebnissen ist, daß die Medikamente, die den Blutdruck senken sollen, in etwa die gleiche Wirkung haben wie andere Maßnahmen. Es gibt jedenfalls keinen signifikanten Unterschied zwischen den 4 Gruppen. Visken und Entspannungs-Übungen senken der Tendenz nach den Blutdruck am meisten in Ruhesituationen. In emotionalen Belastungssituationen haben allgemeine Kuranwendungen und das Entspannungs-Training die

	Blutdruck-senkendes Mittel Modenol	Beta-blocker Visken	Allgemeine Kuranwendungen	Entspannungs-Training
Blutdrucknormalisierung in **Ruhe**situationen	53%	62%	52%	58%
Blutdrucknormalisierung in emotionalen **Belastungs**situationen	33%	37%	41%	41%

Abb. 36: Prozentsätze der Einregulierung von Blutdruckwerten, die 3 Wochen vorher pathologisch erhöht waren (N = 350)

besten blutdrucksenkenden Ergebnisse. Da die Ergebnisse sich jedoch nicht deutlich unterscheiden, sollten wir fragen, welche Maßnahmen auf Dauer die wirksamsten und gesündesten sind.
Bei der Frage nach der Dauerwirkung schneiden die allgemeinen Kuranwendungen am schlechtesten ab, weil die Kurwirkungen nach 3–4 Monaten wieder abflachen, was später noch belegt wird.
Bei der Frage nach der gesundheitlichen Zuträglichkeit schneiden die Medikamentengruppen am schlechtesten ab, weil die Einnahme von Medikamenten eine ständige chemische Belastung für den Körper, speziell für Magen und Nieren bedeutet.

Diese Überlegungen legen den Schluß nahe, dem Entspannungs-Training den Vorzug zu geben. Die längerfristigen Nachuntersuchungsergebnisse, die weiter hinten beschrieben sind, bekräftigen diesen Schluß.

- Gleichmäßig-ruhige Atmung; lockeres Zwerchfell

Die Atmung fließt gelöst, wenn ihr möglichst wenig Aufmerksamkeit zugewendet wird. Sobald die Atmung bewußt beachtet wird, kommt leicht eine willkürliche Atembeeinflussung zustande. Dies bedeutet eine Störung für die normalerweise unwillkürlich ablaufende Atmung. Die Atmung kann auch durch andere Einflüsse gestört werden, über die im Zusammenhang mit der Atemübung gesprochen wurde.

- Leichtere Konflikt- und Problembewältigung

Einen hervorragenden Erfolg hat Ihnen das Entspannungs-Training gebracht, wenn Ihnen die Bewältigung von Konflikten und Problemen jetzt leichter fällt und wenn Sie gelernt haben, das Entspannungs-Training bei der Konfliktbearbeitung gezielt einzusetzen.

Herr S. aus Bochum schreibt hierzu: »Das Tiefmuskel-Entspannungs-Training hilft mir in Konfliktsituationen sehr, obwohl dieselben jetzt selten auftreten. Ansonsten führe ich das Tiefmuskel-Entspannungs-Training des öfteren in der Woche durch, besonders zum Wochenende.«

Frau B. aus Wuppertal erwähnt zu diesem Themenkomplex: »Bemerken möchte ich noch, daß das Tiefmuskel-Entspannungs-Training mir in Belastungsmomenten – die sich im Alltag, im Beruf und in der Familie zwangsläufig ergeben – mehr hilft als bisher das manchmal von mir angewandte Autogene Training.«

- Insgesamt ruhiger und gelöster
  Die Entspannung wirkt sich auf den ganzen Menschen aus und steigert sein Wohlbefinden.

- Sicherer und geduldiger
  Auch Selbstsicherheit und Geduld nehmen in der Entspannung zu.

- Konzentrierter; mehr Überblick
  Dies sind indirekte Effekte der allgemeinen Entspannung.

- Entspannt, locker, leicht
  Aktuelle Gefühle

- Gelassenheit, Ruhe, Ausgeglichenheit
  Überdauernde Gefühle

- Innere Harmonie, Geborgenheit, wohliges Lebensgefühl
  Positive Lebensgefühle

- Gute Beziehung zum Körper, Körper spüren
  Positive Körpergefühle

- Leichtigkeit, Schwerelosigkeit, Schwebegefühl; in die Unterlage hineinsinken
  Bei diesen Gefühlen handelt es sich um eine Weiterentwicklung und paradoxe Umkehrung der Schwerewahrnehmungen.

- Versinken, in Abgrund fallen, ins Unendliche fallen
  Wenn diese Gefühle auftreten, liegen wahrscheinlich nichtverarbeitete, ungelöste Lebens- oder Todesängste vor. Die Schwereempfindung (wahrscheinlich auch Angstträume) werden als Ausdrucksventile der Ängste benützt.

- Schwer, schläfig, müde
  Bei guter Entspannung

- Frisch, fit, ausgeruht
  Nach guter Entspannung und kräftiger Aktivierung

Ihre bisherigen und die später noch eintretenden Erfolge können Sie mit diesen Ausführungen vergleichen. Den Nacherhebungsbogen, der im Anschluß an das Entspannungs-Training für Fortgeschrittene abgedruckt ist, können Sie zur Einschätzung Ihrer Fortschritte nach einigen Wochen der Beschäftigung mit dem Grundtraining ausfüllen und mit dem Spannungsfragebogen vergleichen. Die Spannungs-, Streß- und Eigenaktivitäts-Fragebögen können Sie auch nach einiger Zeit nochmals durchgehen und dabei auf mögliche zwischenzeitlich eingetretene Veränderungen achten.

Hier folgt jetzt ein Formblatt für Ihre eigenen Übungsprotokolle, mit deren Hilfe Sie Ihr Training beschreibend und bewertend begleiten können. Ein Protokollbeispiel haben Sie auf Seite 59 bereits gesehen. Es ist sinnvoll, zur Unterstützung und Reflexion Ihres Trainings ein solches Protokoll zu führen.

Tag	Tages-zeit	Dauer der Übung	Empfindungen
Sonntag	morgens		
	mittags		
	abends		
Montag	morgens		
	mittags		
	abends		
Dienstag	morgens		
	mittags		
	abends		
Mittwoch	morgens		
	mittags		
	abends		
Donnerstag	morgens		
	mittags		
	abends		
Freitag	morgens		
	mittags		
	abends		
Samstag	morgens		
	mittags		
	abends		

Abb. 37: Mein Übungsprotokoll

Entspannungs-Training für Fortgeschrittene

Sie sollten das Grundtraining wenigstens 2–3 Wochen täglich durchgeführt haben, bevor Sie es einigermaßen gut beherrschen und Sie sich dem Fortgeschrittenentraining mit Aussicht auf Erfolg zuwenden können. Sie beherrschen das Grundtraining, wenn einige der vorhin genannten Erfolgskontrollen und Entspannungswahrnehmungen spürbar werden.
Sie können sich mit diesem Ergebnis zufriedengeben, wenn es Ihnen nur um allgemeine Entspannung etwa nach einem ereignisreichen Arbeitstag geht.
Wenn Sie jedoch mit dem Entspannungs-Training »leben« und es in jeder Lebenssituation einsetzen wollen, dann sollten Sie auch die Fortgeschrittenentechnik erlernen. Hierbei geht es um eine Weiterführung des bisher Gelernten, also nicht um etwas total Neues. Es ist das Ziel des Entspannungs-Trainings für Fortgeschrittene, eine Vorgehensweise kennenzulernen und einzuüben, die Sie später in nahezu allen Situationen einsetzen können. Bei der konkreten Anwendung der Grundtechnik ist es mitunter schwierig bzw. der Situation nicht ganz angemessen, »demonstrative« Muskelanspannungen durchzuführen.

Es gibt jedoch neben der kräftigen willkürlichen An- und Entspannung der Muskeln drei weitere Möglichkeiten, das Kontrastvorgehen des Tiefmuskel-Entspannungs-Trainings wirksam werden zu lassen:

1. Leichte willkürliche An- und Entspannung
2. »Innere« willkürliche An- und Entspannung, ohne daß dies äußerlich sichtbar wird
3. Unwillkürliche An- und Entspannung in der Vorstellung

In der Fortgeschrittenentechnik sollen Sie diese drei Stufen in der praktischen Durchführung kennenlernen und einüben. Je nach Situation oder Stimmung können Sie später das Verfahren wählen, welches Ihnen am angenehmsten ist und der Situation angemessen erscheint.
Die genannten drei Schritte bedeuten eine Weiterführung des Entspannungs-Trainings von der muskulären Ebene auf die Vorstellungebene.
Die Vorstellung von An- und Entspannung macht am Anfang erfahrungsgemäß einige Schwierigkeiten. Nicht zuletzt wegen dieser zu erwartenden Schwierigkeiten werden die Zwischenschritte mit leichter-willkürlicher und innerer-willkürlicher An- bzw. Entspannung eingefügt.
Leichte-willkürliche Anspannung bedeutet, daß die Übungen so wie in der Grundtechnik durchgeführt werden sollen, aber die Kraft der Anspannung soll zurückgenommen werden. Bei der inneren-willkürlichen Anspannung werden keine äußerlich sichtbaren Muskelanspannungen durchgeführt, vielmehr werden die Muskeln so angespannt, als ob eine bestimmte Bewegung durchgeführt werden sollte.
Bei der Faustübung z. B. lassen Sie bei geöffneter Hand die Muskelspannungen so von innen kommen, als ob Sie die Hand zur Faust ballen wollten. Bei der Armübung lassen Sie den Arm liegen und spannen die Armmuskeln so an, als ob Sie den Arm heben sollten usw.
Wenn Sie diese beiden Vorgehensweisen beherrschen, wird Ihnen auch der letzte Schritt, nämlich die An- und Entspannung in der Vorstellung nicht mehr schwerfallen. Lassen Sie sich nicht von dem Gedanken irritieren, daß auf Grund von Vorstellungen keine tatsächlichen Muskelan- und -entspannungen zustande kommen könnten. Spannungsveränderungen aufgrund von Vorstellungen sind alltäglich; denken Sie nur an die Spannungsgefühle bei Angstvorstellungen oder Versagensbefürchtungen. Die Kraft der Vorstellungen und Gedanken setzen wir bei unserem Training in positiver, nämlich entspannender Richtung ein. Im Autogenen Training wird hauptsächlich diese autosuggestive Vorgehensweise eingesetzt.
Es ist beim Tiefmuskel-Entspannungs-Training nicht notwendig, unbedingt die Vorstellungsebene zu erreichen. Sie können sich

auch mit einer der anderen Ebenen zufriedengeben. Die Anwendung der Entspannungs-Übungen auf der Vorstellungsebene stellt freilich das eleganteste Vorgehen dar. Auf der Vorstellungsebene können Sie das Training überall durchführen, sogar bei Gesprächen und Diskussionen in Gegenwart Ihrer Gesprächspartner. Es ist nicht nötig, das ganze Entspannungs-Programm durchzuführen, vielmehr können Sie sich dann sekundenweise auf die eine oder andere Entspannungs-Übung einstellen.

In solchen Situationen stellen Sie sich am besten auf die Bereiche ein, in denen Sie gerade die meiste Spannung spüren. Sollten Sie sich z. B. in den Schultern besonders verkrampft fühlen, dann stellen Sie sich kurz auf die Verstärkung der Verkrampfung der Schulterpartie ein und lassen Sie dann locker. Bei der Wiederholung dieses Vorgehens werden Sie die zunehmende Entlastung spüren.

In der konkreten Anwendungssituation ist wie bei chronischen Verspannungen die Anspannung bei Übungsbeginn bereits vorhanden. Diese vorhandenen Verspannungen werden also kurzfristig willkürlich verstärkt und dann wieder losgelassen. So können Sie vorhandene Spannungen leichter lösen, weil Sie Ihre Verspannungen im wahrsten Sinne des Wortes »in den Griff« bekommen. Auch bei allgemeinen Unruhegefühlen wie Nervosität oder Reizbarkeit können Sie sich fragen, wo diese Anspannungen im Körper am meisten reflektiert werden, und sich dann gezielt auf diese Bereiche einstellen.

Jede gezielte Entspannung wird sich auch auf andere Bereiche auswirken. Wenn Sie die Kopfentspannung fördern wollen, erreichen Sie dies auch durch Anwendung der Armübungen, wobei sich allerdings der direkte Einsatz der Kopfübungen wahrscheinlich intensiver auswirken wird. Unter »wahrscheinlich« verstehe ich, daß dies in den meisten Fällen so sein wird. Es ist aber auch möglich, daß die Armübungen tatsächlich zu besseren Ergebnissen führen. Ähnliche Erfahrungen können Sie auch mit anderen Übungen machen. Sie können auch gern experimentieren, die für Sie zutreffenden Wirkzusammenhänge ergründen und entsprechend handeln.

Das Gelernte können Sie später zur Vorbereitung auf mögliche Belastungssituationen, aber auch in solchen und nach solchen Situationen einsetzen. Soweit es möglich ist, sollten Sie sich auf vermutete oder zu erwartende Belastungssituationen entspannend vorbereiten. Dies hat den Vorteil, daß Körperspannungen und Ängste frühzeitig abgebaut werden und die Situationen souveräner angegangen werden können. Die tatsächliche Anspannung, die dann geringer ausfällt, können Sie durch sekundenlange Einstellung auf Entspannungsübungen stufenweise abbauen. Den verbleibenden Rest von Erregung können Sie im Anschluß an die Belastungssituation mit Hilfe des Entspannungs-Trainings weiter abbauen.

Entscheiden Sie selbst, wann Sie welche Technik am besten anwenden können. Die Grundtechnik werden Sie meistens durchführen, wenn Sie Zeit und Ruhe für Ihre Entspannungs-Übungen haben und das Gelernte festigen oder auffrischen wollen. Die Fortgeschrittenentechnik werden Sie öfter während Belastungssituationen einsetzen und zu Übungszwecken durchführen.
Sie sollten sich darüber im klaren sein, daß die Intensität der Entspannungs-Wahrnehmungen mit jeder weiteren Stufe des Fortgeschrittenentrainings abnimmt, weil die hervorgerufenen Kontraste geringer werden. Bei der Fortgeschrittenentechnik sind die Empfindungen normalerweise weniger eindrucksvoll als bei der Grundtechnik, es sei denn, Sie beherrschen nach ausgiebigem Üben die Vorstellungstechnik so gut, daß auf dieser qualitativ neuen Ebene weitere intensive Empfindungen zustande kommen. Es bedarf natürlich einer erneuten Einübungsphase, bis Sie soweit sind, das Fortgeschrittenentraining zu beherrschen und einsetzen zu können.

Es folgt jetzt der Anleitungstext für das Entspannungs-Training für Fortgeschrittene mit den drei weiterführenden Schritten bis zur Vorstellungsebene.
Drei Punkte im Text zeigen eine Pausenzeit an, in der Sie nicht weiterlesen, sondern die Spannung bzw. Entspannung sich ausbreiten lassen sollen.
Das Grundtraining haben Sie sich so zu eigen gemacht, es ist so »Ich-nah« geworden, daß Sie in Zukunft die Ich-Form für die Formulierungen der Übungen benutzen können.
Ihr Entspannungssignal (vgl. S. 56) können Sie weiter verwenden oder sich beim Ausatmen auf den Begriff »Ohmm« einstellen.

1. Übungsteil: Entspannung der Arme

Tiefmuskel-Entspannungs-Training für Fortgeschrittene – Entspannung der Arme

Ich lockere meine Schulter- und Armmuskeln. Ich entspanne mich, so gut es im Moment möglich ist. . . .

Jetzt schließe ich meine rechte Hand locker zur Faust, verstärke ein wenig den Druck in der Hand, fühle die Spannung . . . und nun entspanne ich. Ich lasse die Finger meiner rechten Hand locker und erlebe das unterschiedliche Gefühl. Ich löse alle Spannungen und spüre, wie die Entspannung sich in meinem Arm ausbreitet. . . . Jetzt lasse ich die Muskelspannungen in meiner rechten Hand und meinem Arm sich so ausbreiten, als ob ich die Hand zur Faust ballen wollte, und erlebe das labile Spannungsgefühl. . . . Nun löse ich die Spannung und spüre die entspannte Lockerheit. . . . Ich stelle mir nun lediglich vor, daß ich die rechte Hand anspanne, ohne dies aktiv zu tun. Ich spüre die innerliche Spannung . . . und entspanne wieder. Ich genieße den Kontrast. . . .

Nun schließe ich beide Hände locker zur Faust, verstärke ein wenig den Druck, nehme die Empfindungen wahr . . . und löse die Anspannung. Ich lasse meine Finger locker und fühle die Entspannung. . . . Ich spanne jetzt die Muskeln beider Hände so an, als ob ich die Hände zu Fäusten schließen wollte, und nehme die instabilen Spannungsgefühle wahr. . . . Ich löse die Spannung und lasse die Entspannung sich ausbreiten. . . . Ich stelle mir jetzt vor, daß ich die Hände zu Fäusten schließe, und empfinde die Spannung in den Händen und Unterarmen . . . und entspanne wieder. Ich erlebe die Lockerung. . . .

Nun hebe ich die Arme, beuge die Ellenbogen und ziehe die Arme etwas näher zum Körper hin . . . nun lasse ich meine Arme wieder locker, entspanne sie und erlebe den Unterschied. Die Entspannung entwickelt sich weiter. . . . Ich spanne jetzt meine Armmuskeln so an, als ob ich die Arme heben und beugen wollte . . . und löse die Anspannung wieder. . . . Nun stelle ich mir vor, daß ich meine Ellenbogen beuge und die Arme spanne. Ich achte auf meine Empfindungen. . . . Nun löse ich die innere Spannung wieder. Ich entspanne meine Arme und erlebe die wohltuende Erleichterung. Systematische Entspannung bedeutet aktive Gesundheitsvorsorge. . . .

Jetzt drehe ich meine Hände herum, so daß die Handinnenflächen nach oben zeigen, drücke Hände und Arme leicht nach unten gegen die Unterlage ... und entspanne wieder. Ich bringe meine Arme in eine angenehme Lage. Ich erlaube meinen Armen, sich weiter zu entspannen. ... Nun spanne ich meine Hände und Armmuskeln so an, als ob ich Hände und Arme herumdrehen wollte, spüre die Spannung ... und löse sie wieder. ... Jetzt stelle ich mir vor, wie ich meine Hände und Arme nach unten drücke und spüre die zunehmende Spannung. ... Nun entspanne ich wieder und erlebe den Unterschied. ...
Ich stelle mich jetzt auf reine Entspannung in den Armen ein, auf Gelassenheit ohne jegliche Spannung. Meine Arme liegen locker und bequem. Ich entspanne mich weiter und weiter. ... Selbst wenn ich den Eindruck habe, meine Arme seien nun völlig entspannt, versuche ich noch ein wenig weiterzugehen. Ich spüre ein tieferes und noch tieferes Gefühl der Entspannung.

Sie können sich nach diesem ersten Übungsabschnitt für Fortgeschrittene entweder ein Musikstück einspielen bzw. die Übungen in Gedanken wiederholen. Über geeignete Musik wird im Anschluß an die vier Fortgeschrittenenübungsteile gesprochen. Hier folgt zunächst der zweite Übungsabschnitt des Fortgeschrittenentrainings.

2. Übungsteil: Entspannung von Gesicht und Schultern

Entspannung von Gesicht und Schultern
Ich lasse alle Muskeln schwer und locker. ...
Ich konzentriere mich auf mein Gesicht, hebe meine Augenbrauen und kräusele meine Stirn. ... Nun ziehe ich die Augenbrauen etwas nach unten und spüre die unterschiedliche Spannung. ... Ich entspanne meine Augenbrauen, meine Kopfhaut und lasse meine Stirn locker. Ich spüre, wie die Haut meiner Stirn immer glatter wird je mehr ich mich entspanne. ... Jetzt spanne ich die Muskeln in meinem Kopf so an, als ob ich die Augenbrauen heben wollte, spüre die innere Spannung ... und lenke die Spannung in die andere Richtung, spüre den unterschiedlichen Druck ... und entspanne. ...

Jetzt stelle ich mir lediglich vor, daß ich die Augenbrauen anhebe und die Stirn sich in Falten legt. . . . Nun wechsle ich die Spannungsrichtung, indem ich in Gedanken die Augenbrauen nach unten ziehe. . . . Ich höre mit dieser Vorstellung auf und stelle mich wieder auf reine Entspannung ein. . . .

Nun schließe ich meine Augen etwas fester und nehme die zunehmende Spannung wahr . . . ich weite die Spannungsgefühle auf meine Stirn aus . . . und entspanne Augen und Stirn. Die Augen sind wieder locker geschlossen. . . . Jetzt spanne ich die Kopfmuskeln so an, als ob ich meine Augen fester schließen wollte . . . ich dehne die Spannung auf die Stirn aus, indem ich die Stirn- und Schläfenmuskeln so anspanne, als ob ich die Stirn kräuseln wollte . . . und löse die Spannung. . . . Diesmal stelle ich mir vor, daß ich die Augen zusammendrücke . . . lasse die Spannungsgefühle auf die Stirn übergehen . . . höre mit diesem Gedanken auf und erlebe reine Entspannung. . . .

Nun drücke ich die Kiefer gegeneinander, nicht zu stark, konzentriere mich auf die Spannung von Ober- und Unterkiefer. . . . Jetzt spanne ich auch meine Lippen an, presse die Lippen gegeneinander . . . und entspanne. Ich lasse die Lippen und Kiefer wieder in eine bequeme Haltung zurückkehren und spüre, wie sich Kiefer, Lippen, Kehle, Augen und Stirn lockern. Die Entspannung wird tiefer. . . .

Nun spanne ich meine Kiefermuskeln so an, als ob ich die Kiefer gegeneinanderdrücken wollte . . . ich spanne auch meine Mundmuskeln so, als ob ich meine Lippen gegeneinanderpressen wollte . . . und entspanne. . . . Jetzt stelle ich mir vor, daß ich die Kiefer gegeneinanderpresse und den Druck spüre. . . . Ich dehne die Spannungsgefühle auf die Lippen aus. . . . Jetzt lenke ich meine Gedanken wieder auf wohltuende Entspannung. Ich spüre, wie die Entspannung sich in meinem Gesicht ausbreitet. . . .

Jetzt wende ich meine Aufmerksamkeit meinen Nackenmuskeln zu. Ich drücke meinen Kopf etwas nach hinten und achte auf die Spannungsgefühle in meinem Nacken. . . . Nun rolle ich den Kopf auf die rechte Seite und beobachte, wie die Spannung sich verändert. . . . Nun rolle ich den Kopf auf die linke Seite, spüre die Spannung . . . und lasse den Kopf in eine angenehme Lage zurückkehren. Ich spüre die wohlige Gelöstheit, genieße die Ruhe. . . . Nun spanne ich die Hals- und Nackenmuskeln so an, als ob ich den Kopf nach hinten drücken wollte . . . ändere die Spannungsrichtung, indem ich so anspanne, als ob ich den Kopf nach rechts drücken wollte, spüre die Anspannung . . . ändere die Spannungsrichtung nach links, nehme die unterschiedlichen Gefühle wahr . . . und löse die Spannung. . . . Jetzt stelle ich mir vor, daß ich den Kopf nach hinten drücke und unangenehme Empfindungen bekomme. . . . Ich stelle mir vor, daß ich den Kopf nach rechts drücke, und erlebe den Wechsel der Spannungsgefühle . . . Ich stelle mir vor, daß ich den Kopf nach links drücke, und spüre, wie die Spannung wieder wechselt. . . . Nun stelle ich mich auf reine Entspannung ein und erlebe die Entlastung. . . . Ich spüre, wie sich Nacken und Schultern weiter entspannen. Die Entspannung breitet sich über mein Gesicht und meinen Rücken aus. Sie breitet sich noch weiter aus. Ich bin ganz tief entspannt. . . .

Sie können jetzt entweder die Ruhe und Entspannung weiter genießen, sich auf ein Musikstück einstellen oder die Übungen noch einmal gedanklich nachvollziehen.
Wenn Sie die Übungen beenden möchten, zählen Sie leise rückwärts von 4 bis 0 und nehmen Sie das Schweregefühl zurück; Sie fühlen sich dann gelassen, erfrischt und angenehm ruhig.

3. Übungsteil: Entspannung des Leibes

Entspannung des Leibes
Ich löse mich, so gut es mir im Moment möglich ist. Ich atme leicht und frei ein und aus und beobachte, wie mit dem Ausatmen die Entspannung zunimmt. Während der Atem ausströmt, merke ich, wie ich mich weiter entspanne. . . .
Jetzt atme ich ein, so daß sich Bauch und Brust geringfügig wölben. Ich halte den Atem an . . . und lasse Bauch und Brustkorb locker und den Atem frei ausströmen. Ich spüre die Erleichterung, atme wieder frei und genieße die Entspannung. . . . Nun spanne ich die Brustmuskeln so, als ob ich willkürlich einatmen und die Luft anhalten wollte . . . nun lasse ich den Atem wieder ruhig weiterfließen. . . . Jetzt stelle ich mir vor, daß ich so tief einatme, daß sich Bauch und Brust wölben und ich dann den Atem anhalte . . . genug: die Luft kann wieder frei ausströmen. Ich spüre die Erleich-

terung. Die Entspannung breitet sich weiter aus über meine Schultern, meine Arme, meinen Rücken. . . .
Jetzt hebe ich meine Schultern und halte diese Spannung . . . drücke zusätzlich mein Kinn etwas nach unten gegen die Brust und erlebe das leichte Engegefühl. . . . Nun löse ich die Anspannung und spüre die Befreiung. Die Entspannung breitet sich aus. . . . Nun spanne ich meine Schultern so an, als ob ich die Schultern hochziehen wollte . . . zusätzlich spanne ich meine Hals- und Nackenmuskeln so, als ob ich mein Kinn nach unten gegen die Brust drücken wollte . . . und entspanne. . . . Nun stelle ich mir vor, daß ich die Schultern hochziehe und die Spannung festhalte . . . in Gedanken presse ich mein Kinn gegen die Brust und erlebe das leichte Engegefühl. . . . Nun entspanne ich. Die Entspannung breitet sich weiter aus. . . .
Jetzt drücke ich die Bauchmuskeln allmählich nach außen, bis sie härter werden . . . jetzt ziehe ich meinen Bauch nach innen und erlebe den Spannungswechsel . . . und entspanne wieder. Ich lasse die Muskeln locker und spüre den Unterschied von Anspannung und Entspannung. . . . Nun spanne ich meine Bauchmuskeln so an, als ob ich den Bauch nach außen drücken wollte . . . jetzt spanne ich so an, als ob ich meinen Bauch nach innen ziehen wollte . . . und lasse alle Spannungen los. . . . Jetzt stelle ich mir vor, wie ich den Bauch nach außen drücke und die Bauchmuskeln fest und hart werden . . . Ich wechsle das Spannungserleben, indem ich mich auf das Einziehen des Bauches konzentriere . . . und stelle mich wieder auf reine Entspannung ein. . . . Ich atme wieder normal und leicht und spüre dabei das angenehme Gefühl, das sich in meiner Brust und meinem Bauch ausbreitet. Jedesmal, wenn ich ausatme, spüre ich die rhythmische Entspannung. Ich überlasse mich diesem Gefühl. Alle Spannungen in meinem Körper lockern sich weiter. . . .
Jetzt konzentriere ich mich auf meinen Rücken. Ich wölbe mein Kreuz nach oben und spüre die Spannung in meinem Rücken. . . . Nun lockere ich mich. Mein Oberkörper ist wieder in einer angenehmen Lage, und ich genieße diese Entspannung. . . . Nun spanne ich meine Rückenmuskeln so, als ob ich mein Kreuz nach oben drücken und ein Hohlkreuz machen wollte. . . . Ich löse die Spannung und spüre den Kontrast. . . . Jetzt stelle ich mir vor, daß ich mein Kreuz nach oben wölbe, den Druck verstärke und die Spannungsgefühle erlebe. . . . Jetzt lenke ich meine Aufmerksamkeit wieder auf die Entspannung. . . . Ich lasse die Entspannung sich in

meinen Schultern, meinen Armen und meinem Gesicht weiter ausbreiten; sie wird tiefer und tiefer. . . .

Bei den Leibübungen haben Sie vielleicht festgestellt, daß der Atem bei den Anspannungen stockte. Das ist kein Fehler, wenn Sie die Kontraste von Atemstocken und ruhigem Weiterfließen des Atems bewußt mitvollziehen. In diesem Fall wird die Atemkontrastübung zusätzlich zur Leibübung durchgeführt und unterstützt den Entspannungseffekt. Keinesfalls sollten Sie bei Atemstocken willkürlich atmen, weil willkürliches Ein- und Ausatmen eine Atemstörung provoziert.
Sie können die Entspannung nun wie gewohnt fortsetzen: Entweder bleiben Sie noch einige Zeit in der entspannten Ruhesituation oder stellen sich auf ein Musikstück ein oder aktivieren oder setzen Ihr Training mit dem nächsten Übungsabschnitt fort.

4. Übungsteil: Entspannung der Beine und der Gesamtperson

Entspannung der Beine und der Gesamtperson
Ich entspanne mich weiter und genieße dieses Gefühl. . . .
Jetzt konzentriere ich meine Aufmerksamkeit auf die Beine. Ich strecke meine Beine aus und spanne mein Gesäß und meine Oberschenkel etwas . . . und entspanne. Ich spüre den Unterschied von Anspannung und Entspannung. . . . Nun spanne ich meine Bein- und Gesäßmuskeln so an, als ob ich die Beine ausstrecken und etwas anheben wollte . . . und löse die Spannungen. . . . Ich stelle mir jetzt vor, daß ich mein Gesäß und die Muskeln meiner Schenkel fest anspanne und die Spannung festhalte. . . . Ich löse das Spannungsgefühl und lasse die Entspannung sich weiter ausbreiten. . . .
Nun drücke ich meine Füße und Zehen ein wenig nach unten, weg vom Gesicht, so daß meine Wadenmuskulatur gespannt wird. . . . Jetzt beuge ich meine Füße in Richtung auf mein Gesicht, so daß ich in den Schienbeinen Spannung verspüre . . . und lasse meine Füße locker, entspanne meine Waden, meine Schienbeine, meine Knie, die Schenkel, das Gesäß, die Hüften. . . . Jetzt spanne ich meine Füße und Zehen so an, als ob ich die Füße und Zehen nach unten drücken wollte . . . ich ändere die Spannungsrichtung und spüre den

Spannungsunterschied. . . . Nun löse ich die Anspannung. . . . Nun stelle ich mir vor, daß ich meine Füße und Zehen nach unten presse, weg vom Gesicht, und spüre die Spannung in meiner Wadenmuskulatur. . . . Ich verändere die Spannungsgefühle, indem ich mich auf die Spannung der Zehen in die andere Richtung einstelle . . . und lenke meine Aufmerksamkeit wieder auf meine Entspannung. . . . Nun spanne ich alle Körpermuskeln etwas an und spüre die äußere und innere Spannung. . . . Ich löse die Anspannung der gesamten Muskulatur und nehme die Erleichterung wahr. . . . Jetzt spanne ich alle meine Muskeln willkürlich so an, wie dies unwillentlich in emotionalen Belastungssituationen geschieht. . . . Ich lasse die Anspannung los und nehme mir vor, in künftigen Belastungssituationen ähnlich zu verfahren. . . . Nun stelle ich mir vor, daß alle meine Muskeln und meine ganze Person in Spannung geraten. Ich verstärke dieses Gefühl und spüre die verschiedenen Spannungszustände. . . . Ich beende diese Vorstellung und denke jetzt nicht mehr an Spannung, sondern richte meine Gedanken nur noch auf Entspannung. . . . Die Entspannung dehnt sich aus über meinen Bauch und über meinen Rücken. Sie breitet sich in meinen Beinen, in meinen Armen aus. Meine Schultern und meine Kopfmuskeln lokkern sich weiter. Ich bin locker und tief entspannt. . . . Ich versichere mich, daß sich in meinem Nacken, in meiner Kehle, in meinem Gesicht keine Spannung mehr befindet. . . . Mein Atem fließt frei und ruhig. . . . Ich bemerke ein leichtes Schweregefühl und zunehmende Gelassenheit. Farbgebilde vor meinem inneren Auge verstärken die Gelöstheit und lassen die Entspannung noch tiefer werden. . . . Ich erlebe die umfassende Einheit von Seele und Körper. Ich lasse die Entspannung fortbestehen und spüre, wie schwer und ruhig ich bin. . . . Mit einem Nebengedanken denke ich an die große Mühe, die es bedeuten würde, wenn ich den rechten Arm heben sollte. . . . Ich lenke meine Aufmerksamkeit wieder auf die tiefe Entspannung meiner Person und bleibe weiterhin vollkommen entspannt.

Ich möchte jetzt die Übungen beenden, zähle in Gedanken 4 – 3 – 2 – 1 – 0 und nehme das Schweregefühl zurück. Ich fühle mich gelassen, erfrischt und angenehm ruhig.

Die Aktivierung zum Schluß der Übungen soll nur dann durchgeführt werden, wenn Sie nach den Übungen wieder aktiv und mun-

ter sein wollen. Die Art und Weise der Aktivierung soll von jetzt ab Ihnen selbst überlassen sein. Sie können weiterhin so aktivieren, wie es auf Seiten 47–48 beschrieben ist, oder eine andere Form wählen: Sie brauchen nicht die Arme zu strecken, Sie können auch den Rumpf oder den ganzen Körper strecken. Sie können auch die Spannung so von innen kommen lassen, als ob Sie sich strecken und recken wollten. Sie können sich das gleiche auch vorstellen oder die Aktivierung ganz weglassen.
Die Aktivierung hat ja vor allem den Sinn, die zunehmende Müdigkeit, die bei tiefergehender Entspannung zustande kommt, wieder rückgängig zu machen.
Wenn Sie in Belastungssituationen kurzzeitige Entspannungs-Übungen durchführen, wird das jeweilige Spannungsniveau ein Stück gesenkt; die Entspannung wird nicht so tief gehen, daß Schläfrigkeitsgefühle auftreten, so daß die Aktivierung zum Abschluß nicht notwendig ist.
Sie können jetzt die letzte Übung noch einmal wiederholen, Ruhe erleben oder sich auf eines der Musikstücke einstellen, die im folgenden besprochen werden.

Ergänzungsübungen: Entspannung mit Musik

Beim Entspannungs-Training für Fortgeschrittene können dieselben Musikstücke verwendet werden wie beim Grundtraining, wenn Sie die Übungen lediglich in Ruhesituationen durchführen wollen. Die vorgeschlagene Musik für das Fortgeschrittenentraining wendet sich an die Fortgeschrittenen und stellt ihre Entspannungsfähigkeit stellenweise auf die Probe. Die vorgeschlagenen Musikstücke sind nämlich etwas aktiver und dynamischer, mit deutlich erkennbaren Lautstärke- und Tonhöhenschwankungen. Trotzdem soll diese Musik Sie nicht erregen oder aktivieren. Sie können den Effekt einmal ausprobieren, indem Sie nach einer Entspannungs-Übung eines der im folgenden vorgeschlagenen Musikstücke einspielen und innerlich mitvollziehen.

»Klassische Musik«
Johann Sebastian Bach/Charles Gounod: Ave Maria
Franz Schubert: Impromptu As-dur, op. 142 und B-dur
Ludwig van Beethoven: Für Elise, Albumblatt a-moll

Edvard Grieg: Solveigs Lied (aus Peer Gynt Suite)
Franz Liszt: Liebestraum, Nr. 3, As-dur, op. 62
Serge Rachmaninoff: Prélude D-dur, op. 23 Nr. 4
George Gershwin: Summertime (aus Porgy and Bess)

»Volksweisen«
Guten Abend, gute Nacht (dtsch.)
Londonderry Air (engl.)
Now is the hour (engl.)
Abendglocken (russ.)

»Unterhaltungsmusik«
Georges Moustaki: Rien n'a changé (Polydor 2393048)
Leonard Cohen: Suzanne (Columbia S 95 33)
Cat Stevens: Morning has broken (Island ILPS 19154)
Georges Moustaki: En Méditerranée (Polydor 2393019)
John Denver: Annies Song (RCA LSA 3211/12)
Juliette Gréco: Sur l'arbre mort (Philips 880.587)
Paul Simon: Bridge over troubled water (CBS 69003)
Aretha Franklin: Somewhere and Angel (Atlantic D 7265)
Deep Purple: Mood Indigo (Harvest)
Moody Blues: Nights in white satin (Threshold)
Count Basie: Duet (Roulette VR 56012)
Esther Ofarim: What have they done to the rain (Discoton 74197)
Joan Baez: On the Banks of Ohio (Roulette BJ 1544)
Auf der Toncassette für Fortgeschrittene (vgl. Seite 49) werden folgende Musikstücke verwendet: Milva: Die Gedanken sind frei. Leonard Cohen: Suzanne. Georges Moustaki: En Méditerranée. Cat Stevens: Morning has broken.

Ihre Entspannungsfähigkeit sollte inzwischen so gut sein, daß die Dynamik in der Musik Sie nicht mehr aus der Ruhe bringen kann. Sollte die Musik Sie nach der zweiten oder dritten Darbietung immer noch beunruhigen, mögen Sie entweder die Art der eingespielten Musik überhaupt nicht oder Sie sind in das Grundtraining noch nicht genügend eingeübt. Im ersten Fall werden Sie andere Musik verwenden, im zweiten Fall das Grundtraining intensivieren.
Es gibt natürlich viele ungeeignete Musikstücke, auch und gerade von den hier genannten Komponisten und Interpreten. Im Zwei-

felsfall können Sie selbst ausprobieren, ob es Ihnen gelingt, bei der gerade eingespielten Musik zu entspannen.

In den meisten Fällen liegt es nicht an der Art der Musik, wenn die Fortgeschrittenenübungen noch nicht den gewünschten Entspannungseffekt erbringen. Die häufigste Klippe liegt in der Schwierigkeit, von der willkürlichen Muskelan- und entspannung auf die unwillkürliche überzugehen. Manche sagen: »Da spüre ich gar nichts . . .«, ärgern sich vielleicht darüber und kommen nicht in den bereits gewohnten Entspannungszustand hinein. Denken Sie daran: Das Training auf der Vorstellungsebene ist etwas qualitativ Neues und bedarf einiger Wochen Einübungszeit, wobei die Entspannungswahrnehmungen wegen der geringeren Spannungskontraste zusätzlich geringer sein werden.

Das Entspannungs-Training für Fortgeschrittene hat ja neben der tieferen Entspannungsmöglichkeit auf der Vorstellungsebene das Hauptziel, die Entspannungs-Übungen später in praktisch allen Situationen anwenden und einsetzen zu können.

Die Musikstücke erfüllen verschiedene Funktionen. Sie wirken beruhigend, vertiefen die Entspannung und können zusätzlich zu den Entspannungs-Übungen das Prinzip der Tiefmuskel-Entspannung auf musikalischer Ebene zur Geltung bringen. Die Voraussetzungen dafür haben Sie bereits geschaffen, indem Sie schon einige Male Musik im Entspannungszusammenhang erlebt und innerlich mitvollzogen haben. Vielleicht haben Sie dabei bereits innere Spannungsveränderungen bemerkt, wenn Tonhöhen oder Lautstärken sich veränderten? Dies ist ganz natürlich, wenn Sie sich voll auf Musikstücke einstellen. Sie kennen diese Effekte von dramatischen, pathetischen oder feierlichen Symphonien, Opern oder Liedern. Ein Mitgehen mit der Musik kann zur Spannungslösung beitragen, wenn sich nach musikalischen Höhepunkten die Spannung in ruhigeren und weniger dynamischen Passagen wieder lösen kann.

Im Rahmen des Tiefmuskel-Entspannungs-Trainings können Sie die Spannungseffekte, die durch Musik hervorgerufen werden, systematisch und bewußt einsetzen. Sobald in einem Musikstück die Lautstärke oder die Dynamik ansteigt, wird dieses »Nach-oben-gehen« als willkürliche Muskelanspannung mitvollzogen und festgehalten. Mit dem Absinken der Lautstärke oder Dynamik lassen Sie die willkürliche Muskelanspannung wieder absinken.

Im Idealfall soll die Anspannungsphase, wie von den Entspannungs-Übungen her bekannt, rund 10 Sekunden dauern. Es gibt jedoch kein Musikstück, welches diese Bedingungen durchgängig erfüllt; wahrscheinlich wäre ein solches Musikstück auch zu eintönig.

Ich habe bei der Auswahl der Musik auch darauf geachtet, möglichst melodische und bekannte Musikstücke auszuwählen, damit Sie die Melodie mit innerer Beteiligung mitvollziehen können. Natürlich läßt sich über musikalischen Geschmack nicht mit Erfolgsaussichten streiten. Deshalb habe ich mich bemüht, möglichst viele Geschmacksrichtungen zu berücksichtigen. Ich möchte Ihnen damit Anregungen geben und gleichzeitig zeigen, daß sogar Soul- oder Jazzmusik im Entspannungszusammenhang verwendet werden kann. Ihnen bekannte Musikstücke haben den Vorteil, daß Sie die Musik gleich einsetzen können und sich nicht zunächst einzuhören brauchen. Es kommt allerdings nicht jedes Musikstück in Frage. Beethovens Symphonien sind, abgesehen von einigen kurzen Passagen, sicher ungeeignet – ebenso viele Stücke der oben genannten Komponisten, Sänger und Gruppen. So zeichnen die Stücke »Question« von Moody Blues oder »Sweet child in time« von Deep Purple sich durch Melodik und Dynamik aus; sie geben aber zu wenig Raum, die aufgebaute Spannung wieder abzubauen. Auch ein länger gezogener musikalischer Bogen sollte wenigstens die Möglichkeit bieten, die Anspannung nach rund 10 Sekunden kurzzeitig loszulassen, um dann erneut in die Anspannung hineinzugehen usw.

Jedes Musikstück hat einige geeignete Stellen, die zur Unterstützung des Entspannungs-Trainings genutzt werden können. Ich möchte Sie dazu ermuntern und ermutigen, in Zukunft Dynamikschwankungen, die Sie in irgendwelchen Musikstücken im Radio, im Fernsehen, im Konzert oder auf einer Schallplatte hören, anspannend und entspannend mitzuvollziehen. In der Praxis braucht dies nicht längere Zeit in Anspruch zu nehmen. Es reicht schon aus, wenn Sie nur eine einzige Tonhöhen- oder Lautstärkenveränderung mitvollziehen. Selbst sekundenweise Einstellung auf das TE-Prinzip bringt positive Effekte und macht das Training und den momentanen Entspannungszustand bewußtseinsnäher. Die musikgeleiteten Übungen können Sie entweder auf der muskulärwillkürlichen oder auf der vorstellungsmäßigen Ebene durchfüh-

ren. Sobald Ihnen bei diesen kurzzeitigen Einstellungen auf die Entspannungs-Übungen vorhandene muskuläre oder innere Anspannungen deutlicher werden, können Sie das dabei gehörte Musikstück zum weiteren Spannungsabbau benutzen. Sie können die Übungen auch ohne musikalische Führung aus dem Gedächtnis durchführen oder einen Zeitpunkt auswählen, zu dem Sie sich ausführlicher dem Training und Ihrer Entspannung widmen wollen.
Sie können sich bei Ihren Entspannungs-Übungen auch von dem ruhegetönten Bild einer Landschaft oder eines Flusses leiten lassen. Musikstücke wie »Morgenstimmung« von E. Grieg oder »Die Moldau« von F. Smetana können die Entspannung unterstützen.
Ich hoffe und wünsche Ihnen, daß Sie sich in Zukunft beim Hören irgendeines Musikstückes mitunter an Ihr Entspannungs-Training erinnern, daß Sie das Auf-und-Ab in der Musik muskulär-willkürlich oder vorstellungsmäßig mitvollziehen, die positiven Effekte spüren und Ihnen in Ihrem Leben sowohl Spannung als auch Entspannung bewußter werden.

Ergebnisse des Entspannungs-Trainings

Zur Überprüfung Ihrer bisherigen Entspannungs-Fortschritte können Sie den folgenden Fragebogen verwenden. Füllen Sie ihn rund zwei Wochen nach Trainingsbeginn möglichst spontan aus, ohne lange über die Antworten nachzudenken. Da Sie den Fragebogen später noch einmal ausfüllen sollen, empfiehlt es sich, vor dem Ankreuzen Kopien zu machen.
Diese Liste der Leiden und Beschwerden entstammt dem Spannungsfragebogen auf Seite 28. Sie können Ihre Ergebnisse mit der früheren Liste vergleichen bzw. den Spannungsfragebogen auf Seite 28 noch einmal dem momentanen Stand entsprechend ausfüllen und die Ergebnisse miteinander vergleichen.
Das gleiche empfiehlt sich für den Streßfragebogen auf Seite 35 und für den Fragebogen zur Eigenaktivität und Selbststeuerung auf Seite 40.
Sie dürfen sich freuen, wenn die Punktwerte in den ersten beiden Fragebögen abgenommen und im letzten Bogen zugenommen haben. Die eventuell neuen Bewertungen finden Sie jeweils hinter den Fragebögen. Dort finden Sie auch Hinweise auf das, was Sie in der nächsten Zeit für einen umfassenden Erfolg noch tun können.

Nach etwa 3½ Monaten können Sie sich diese Fragebögen nochmals vornehmen, die Ergebnisse miteinander vergleichen und Ihre weiteren Schritte aus dem jeweiligen Ergebnis ableiten.

1. Nacherhebung nach 2 Wochen – Datum:

2. Nacherhebung nach 4 Monaten – Datum:

3. Nacherhebung nach 1 Jahr – Datum:

Seit wann üben Sie das Tiefmuskel-Entspannungs-Training (TE)? Seit . . . Wochen/Mon.
Sind Ihre Erwartungen erfüllt worden? ja ( ); bedingt ( ); nein ( ).
Wie oft haben Sie geübt? Regelmäßig ( ); anfangs regelmäßig, jetzt unregelmäßig ( ); unregelmäßig ( ); selten ( ); gar nicht ( ).
Benutzen Sie eine Tonanleitung? ja ( ); nein ( ); wie oft? . . . x wöchentlich.
Können Sie das Gelernte in Belastungssituationen bereits anwenden? ja ( ); bedingt ( ); nein ( ).
Womit kommen Sie beim Trainieren noch nicht zurecht? . . .

	meistens	**manchmal**	**nein**
Spüren Sie bei den Übungen eine			
Schwereempfindung . .	( )	( )	( )
Wärmeempfindung. . .	( )	( )	( )
Kribbeln oder Prickeln.	( )	( )	( )
Müdigkeit	( )	( )	( )
Gelöstheit	( )	( )	( )
Anderes.	( )	( )	( )

Welche der folgenden Leiden/Beschwerden haben sich seit Trainingsbeginn

	sehr gebessert	**etwas** gebessert	**nicht** gebessert
1. Innere Unruhe	( )	( )	( )
2. Reizbarkeit/Nervosität	( )	( )	( )
3. Einschlafschwierigkeiten	( )	( )	( )
4. Durchschlafprobleme	( )	( )	( )
5. Starkes Schlafbedürfnis	( )	( )	( )
6. Mattigkeit/Schwächegefühl	( )	( )	( )
7. Abgespanntheit	( )	( )	( )
8. Muskelverspannungen	( )	( )	( )
9. Kreuz-/Rückenschmerzen	( )	( )	( )
10. Zittrigkeit	( )	( )	( )
11. Konzentrationsprobleme	( )	( )	( )
12. Aufsteigende Hitze	( )	( )	( )
13. Schweißausbrüche	( )	( )	( )
14. Schwindelgefühle	( )	( )	( )
15. Kopfschmerzen	( )	( )	( )
16. Echte Migräne	( )	( )	( )
17. Berufliche Sorgen	( )	( )	( )
18. Private Sorgen	( )	( )	( )
19. Seelische Konflikte	( )	( )	( )
20. Angstgefühle	( )	( )	( )
21. Schwere Träume	( )	( )	( )
22. Krampfhaftes Weinen	( )	( )	( )
23. Beklemmungsgefühle	( )	( )	( )
24. Kloß-/Würgegefühl	( )	( )	( )
25. Übelkeit	( )	( )	( )
26. Herzschmerzen	( )	( )	( )
27. Herzjagen/Herzstolpern	( )	( )	( )
28. Kreislaufbeschwerden	( )	( )	( )
29. Kalte Hände/Füße	( )	( )	( )
30. Magenbeschwerden	( )	( )	( )
31. Verdauungsbeschwerden	( )	( )	( )
32. Atembeschwerden	( )	( )	( )
33. Grübeln über die Krankheit	( )	( )	( )

Der Autor führt in der Rehabilitationsklinik der BfA in Bad Salzuflen regelmäßig Kurse im Tiefmuskel-Entspannungs-Training durch. Die Kurse dauern 2 Wochen für das Grundtraining. Das Fortgeschrittenentraining schließt sich an. Nach 2 Wochen füllen die Teilnehmer bereits den 1. Nachbefragungsbogen aus, der dem auf den Seiten 115–116 abgedruckten entspricht. Die nachfolgenden Auswertungsergebnisse sind das Resultat einer Begleituntersuchung, die im Jahre 1978 durchgeführt wurde. Für die Auswertungsarbeit gebührt meiner Mitarbeiterin, Frau D. Schirmacher, besonderer Dank. An dieser Stelle möchte ich auch meiner Kollegin, Frau M. Trappe, für ihre wertvollen Hinweise bei der Erstellung dieses Buches danken.

Bei den Untersuchungsergebnissen sind alle Klienten berücksichtigt worden, die den Kursus abgeschlossen haben. Die Stichprobengröße betrug 200. Die Rücklaufquote bei der 1. Nachbefragung betrug fast 100%, bei der 2. Nachbefragung rund 84% und bei der 3. Nachbefragung rund 62%. Hier die Resultate im einzelnen:

Ergebnisse der 1. Nachbefragung
(2 Wochen nach Trainingsbeginn)
Übungshäufigkeit: regelmäßig: 65,5%; unregelmäßig: 29,5%; selten: 4,5%; anderes: 0,5%.

	meistens	manchmal	nein	keine Ang.
Spüren von				
Schwereempfindung	44%	32%	9%	15%
Wärmeempfindung	29%	27%	24%	20%
Kribbeln oder Prickeln	20%	30%	27%	23%
Müdigkeit	51%	28%	9%	12%
Gelöstheit	58%	25%	7%	10%

Die Veränderungen der psychovegetativen Störungen beim Tiefmuskel-Entspannungs-Training möchte ich mit denjenigen beim bislang bekannteren Autogenen Training vergleichen. Um der Vergleichbarkeit willen habe ich die gleiche Liste gewählt, die ich im Jahre 1975 bei den Nacherhebungen zum Autogenen Training bei 420 Klienten verwendet habe. Diese Liste ist etwas kürzer als der hier verwendete Spannungsfragebogen, die meisten Beschwerden

werden Sie jedoch wiederfinden. Die Besserungsquoten sind in Prozent derjenigen Klienten angegeben, die unter der jeweiligen Störung litten. Die Ergebnisse sind für das Tiefmuskel-Entspannungs-Training (TE) und das Autogene Training (AT) jeweils nebeneinander aufgeführt.

	sehr gebessert		etwas gebessert		gebessert (Zusammenf. von sehr u. etwas geb.)	
	TE	AT	TE	AT	TE	AT
1. Reizbarkeit	29%	21%	49%	42%	78%	63%
2. Nervosität	23%	21%	53%	41%	76%	62%
3. Schlafstörungen	17%	16%	31%	36%	48%	52%
4. Abgespanntheit	37%	21%	37%	36%	74%	57%
5. Muskelverspann.	29%	18%	49%	40%	78%	58%
6. Innere Unruhe	22%	24%	47%	38%	69%	62%
7. Aufsteigende Hitze	28%	17%	34%	31%	62%	48%
8. Schweißausbrüche	20%	15%	37%	27%	57%	42%
9. Schwindelgefühle	16%	17%	43%	29%	59%	46%
10. Zittrigkeit	21%	18%	42%	34%	63%	52%
11. Kopfschmerzen	39%	24%	31%	26%	70%	50%
12. Mattigkeit	21%	10%	43%	36%	64%	46%
13. Konzentr.schw.	9%	7%	50%	32%	59%	39%
14. Beklemm.gefühle	18%	16%	53%	37%	71%	53%
15. Sorgen/Konflikte	14%	11%	46%	31%	60%	42%
16. Angstzustände	30%	17%	44%	38%	74%	55%
17. Weinen	37%	24%	34%	33%	71%	57%
18. Kloßgefühl	37%	12%	32%	25%	69%	37%
19. Herzbeschwerden	22%	17%	39%	29%	61%	46%
20. Kreislaufbeschw.	23%	15%	41%	31%	64%	46%
21. Magenbeschw.	48%	15%	26%	35%	74%	50%
22. Verdauungsbeschw.	23%	9%	28%	15%	51%	24%
23. Atembeschwerden	27%	19%	39%	31%	66%	50%

Wie Sie sehen, ist das Tiefmuskel-Entspannungs-Training dem Autogenen Training 2 Wochen nach Trainingsbeginn in fast allen Punkten überlegen. Dieses Ergebnis darf jedoch nicht überbewertet werden; die Anlaufschwierigkeiten beim Autogenen Training sind nämlich größer als beim Tiefmuskel-Entspannungs-Training. Bei der 2. Nachbefragung (4 Monate nach Trainingsbeginn) sehen die Ergebnisse dann erwartungsgemäß zugunsten des Autogenen Trainings verändert aus: Die Besserung der psychovegetativen Beschwerden bei den autogen trainierten Klienten hat die Besserungen bei der TE-Gruppe übertroffen. Die Übungshäufigkeit ist bei der TE-Gruppe geringer als bei der AT-Gruppe.
Diese Ergebnisse legen die Vermutung nahe, daß die TE-Trainierenden die Erfolge am Anfang des Kursus leicht errangen, aber das Gelernte bald wieder versandete. Dies kann leicht passieren, wenn TE nur als mechanische Entspannungsmöglichkeit gesehen wird, die man wie ein Modeschmuckstück beiseite legen kann. Weitere Besserungen der psychovegetativen Störungen kamen nicht zustande, und die wichtigsten Entspannungswahrnehmungen sind rückläufig.
Es sollte allerdings beachtet werden, daß bereits nach 2 Wochen ein außerordentlich gutes Ergebnis erreicht wird. Was die Entspannungswahrnehmungen anbelangt, ist deren Rückgang teilweise damit zu erklären, daß die tatsächlichen und auch die provozierten Spannungskontraste im Verlauf des Trainings abnehmen. Sie erinnern sich an die Gesetzmäßigkeit für Körperwahrnehmungen: Je größer der Kontrast, um so intensiver ist die Empfindung. Je geringer der Kontrast mit zunehmender Entspannung wird, um so geringer werden die Empfindungen.

Ergebnisse der 3. Nachbefragung
(1 Jahr nach Trainingsbeginn)
Übungshäufigkeit: regelmäßig: 14%; anfangs regelmäßig, jetzt unregelmäßig: 46%; unregelmäßig: 20%; selten: 19%, gar nicht: 1%.

	meistens	manchmal	nein	k. Ang.
Spüren von				
Schwereempfindung	38%	26%	31%	5%
Wärmeempfindung	25%	24%	40%	11%

	meistens	manchmal	nein	k. Ang.
Kribbeln od. Prickeln	15%	21%	51%	13%
Müdigkeit	39%	35%	17%	9%
Gelöstheit	50%	31%	18%	1%

Zum Abschluß der statistischen Ausführungen folgt nun eine vergleichende Zusammenstellung der Symptombesserungen in einer Rangreihe:

	gebessert (**2 Wochen** nach Kursusbeginn)		gebessert (**4 Monate** nach Kursusbeginn)		gebessert (**1 Jahr** nach Kursusbeginn)	
	TE	AT	TE	AT	TE	AT
1. Reizbarkeit	78%	63%	74%	82%	74%	88%
2. Muskelverspann.	78%	58%	77%	71%	66%	81%
3. Nervosität	76%	62%	69%	84%	66%	88%
4. Magenbeschwerden	74%	50%	75%	69%	67%	87%
5. Angstzustände	74%	55%	72%	72%	63%	89%
6. Abgespanntheit	74%	57%	69%	73%	60%	83%
7. Weinen	71%	57%	74%	84%	77%	88%
8. Beklemm.gefühle	71%	53%	71%	68%	63%	89%
9. Kopfschmerzen	70%	50%	68%	67%	69%	84%
10. Kloßgefühl	69%	37%	71%	69%	76%	89%
11. Innere Unruhe	69%	62%	68%	82%	61%	85%
12. Atembeschwerden	66%	50%	64%	72%	59%	89%
13. Mattigkeit	64%	57%	62%	61%	55%	77%
14. Kreislaufbeschw.	64%	46%	66%	60%	50%	72%
15. Zittrigkeit	63%	52%	69%	73%	65%	88%
16. Aufsteig. Hitze	62%	48%	66%	71%	65%	84%
17. Herzbeschwerden	61%	46%	64%	63%	53%	72%
18. Sorgen/Konflikte	60%	42%	55%	69%	59%	78%
19. Konzentrat.schw.	59%	39%	68%	59%	59%	81%
20. Schwindelgef.	59%	46%	67%	70%	56%	79%
21. Schweißausbr.	57%	42%	68%	65%	60%	84%
22. Verdauungsbeschw.	51%	24%	57%	46%	66%	70%
23. Schlafstörungen	48%	52%	68%	78%	65%	82%
Durchschnittliche Besserungen:	66%	50%	68%	70%	63%	83%

Da nach wissenschaftlichen Untersuchungen auch Rehabilitationskuren zur allgemeinen Entspannung beitragen, ohne daß ein gezieltes Entspannungs-Training erlernt wird, haben wir auch diesen Effekt bei Klienten untersucht, die am Entspannungs-Training teilnehmen sollten, bei denen das aber wegen Abwesenheit des Psychotherapeuten nicht möglich war. Die zusammenfassenden Ergebnisse dieser Kontrollgruppe sind zusammen mit den Vergleichszahlen des Tiefmuskel-Entspannungs-Trainings und des Autogenen Trainings wiedergegeben (siehe Abb. 38).
Bei den Anfangserfolgen spielt der allgemeine Kureffekt eine wichtige Rolle. Auffallend ist die anfängliche Spitzenstellung der TE-Gruppe und das Stagnieren der Symptomverbesserungen. Die AT-Gruppe nimmt am Anfang eine Mittelstellung ein und zeigt zu jedem späteren Überprüfungszeitpunkt beachtenswerte Fortschritte.

Symptomveränderungen im Durchschnitt / Therapiegruppe	»gebessert« nach **2 Wochen**	»gebessert« nach **4 Monaten**	»gebessert« nach **1 Jahr**
Tiefmuskel-Entspannungs-Training	66%	68%	63%
Autogenes Training	50%	70%	83%
Kontrollgruppe (Rehabilitations-Kur)	42%	41%	37%

Abb. 38: Besserungen von psychovegetativen Störungen

Diese weiteren Fortschritte, die die autogen Trainierten zu verzeichnen haben, hängen zum einen mit der größeren Übungskonsequenz und zum anderen mit der zunehmenden Selbstverantwortung zusammen, die diese Menschen im Zusammenhang mit dem psychosomatischen Seminar für Autogenes Training erlernt haben. Die psychosomatischen, ganzheitlichen und selbstverantwortlichen Gesichtspunkte wurden zum Zeitpunkt der Datenerhebung bei der TE-Gruppe noch nicht besonders beachtet. Die hier referierten Untersuchungsergebnisse weisen allerdings auf die Notwendigkeit dieser Ergänzung hin. Im vorliegenden Text habe ich mich besonders im Einführungskapitel um eine grundlegende, umfassende Absicherung und Ergänzung des Entspannungs-Trainings bemüht. Das Ziel ist neben der Symptomverbesserung das Aufarbeiten der Spannungsursachen. Danach sind auch weitere Symptomverbesserungen möglich.

Kurzfassung des Entspannungs-Trainings

Wenn Sie die Entspannungs-Übungen aus dem Gedächtnis heraus durchführen, sind Sie in der Reihenfolge und Kombination der Übungen völlig frei. Auch die Art und Weise der An- und Entspannung können Sie je nach Situation frei wählen.
Es folgt nun eine Kurzfassung zur Durchführung der Übungen auf der Vorstellungsebene. Diese Anleitung kann Ihnen auch als Muster zur Durchführung der Übungen auf einer der muskulär-willkürlichen Ebenen dienen.

Tiefmuskel-Entspannung auf der Vorstellungsebene

Entspannung der Arme

Ich lockere jetzt meine Schulter- und Armmuskeln, so gut es im Moment möglich ist. . . .
Ich stelle mir nur vor, daß ich meine Hände zu Fäusten schließe, ohne dies aktiv zu tun. Ich spüre die innere Spannung . . . und entspanne wieder. . . .
Nun stelle ich mir vor, daß ich die Ellenbogen beuge und die Arme spanne. Ich achte auf meine Empfindungen. . . . Nun löse ich die innere Spannung wieder. Ich entspanne meine Arme und erlebe die wohltuende Erleichterung. . . .
Jetzt stelle ich mir vor, daß ich meine Hände und Arme nach unten drücke und die zunehmende Spannung spüre. . . . Nun entspanne ich wieder und erlebe den Unterschied. . . .
Die Entspannung breitet sich weiter aus. . . .

Entspannung von Gesicht und Schultern

Ich konzentriere mich auf mein Gesicht und stelle mir vor, daß ich die Augenbrauen anhebe und meine Stirn sich in Falten legt. . . . Nun wechsle ich die Spannungsrichtung, indem ich in Gedanken die Augenbrauen nach unten ziehe. . . . Ich höre mit dieser Vorstellung auf und stelle mich auf die Entspannung meiner Stirn und Augenbrauen ein. . . .
Diesmal stelle ich mir vor, daß ich die Augen zusammendrücke . . . lasse die Spannungsgefühle auf die Stirn übergehen . . . höre mit diesem Gedanken auf und erlebe die sich ausbreitende Entspannung. . . .

Nun stelle ich mir vor, daß ich die Kiefer gegeneinanderpresse und den Druck spüre. . . . Ich dehne die Spannungsgefühle auf die Lippen aus. . . . Jetzt lenke ich meine Gedanken in die andere Richtung und stelle mich auf wohltuende Entspannung ein. . . .
Jetzt stelle ich mir vor, daß ich meinen Kopf nach hinten drücke . . . daß ich den Kopf nach rechts drücke und den Wechsel der Spannungsgefühle erlebe . . . Ich stelle mir vor, daß ich den Kopf nach links drücke, und spüre, wie die Spannung wieder wechselt. . . . Nun stelle ich mich wieder auf Entspannung ein und erlebe die Entlastung. . . .
Ich lasse die Entspannung sich weiter ausbreiten. . . .

Entspannung der Atmung und des Leibes

Ich stelle mich auf meine Atmung ein und erlebe das momentane Aus- und Einatmen. Ich beachte besonders das Ausatmen und spüre die kurze Entspannung, wenn der Atem ausströmt. . . .
Jetzt stelle ich mir vor, ich atme so tief ein, daß Bauch und Brust sich wölben . . . ich den Atem anhalte . . . und die Luft wieder frei ausströmen kann. Die Entspannung breitet sich wieder aus. . . .
Nun stelle ich mir vor, daß ich die Schultern hochziehe und die Spannung festhalte . . . in Gedanken presse ich mein Kinn gegen die Brust und erlebe das leichte Engegefühl. . . . Nun entspanne ich und spüre die Befreiung. . . .
Jetzt stelle ich mir vor, daß ich den Bauch nach außen drücke und die Bauchmuskeln fest und hart werden . . . Ich wechsle das Spannungserleben, indem ich mich auf das Einziehen des Bauches konzentriere . . . und stelle mich wieder auf die Entspannung ein. Beim Ausatmen spüre ich die rhythmische Zunahme der Entspannung. . . .
Jetzt stelle ich mir vor, daß ich mein Kreuz nach oben wölbe, den Druck verstärke und die Spannungsgefühle erlebe. . . . Jetzt lenke ich meine Aufmerksamkeit wieder auf die Entspannung, die sich weiter ausbreitet. . . .

Entspannung der Beine und der Gesamtperson

Ich lenke meine Aufmerksamkeit zu meinen Beinen und stelle mir vor, daß ich mein Gesäß und die Muskeln meiner Schenkel fest

anspanne und die Spannung festhalte. ... Ich löse das Spannungsgefühl und lasse die Entspannung sich ausbreiten. ...
Nun stelle ich mir vor, daß ich meine Füße und Zehen nach unten presse, weg vom Gesicht, und spüre die Spannung in meiner Wadenmuskulatur. ... Ich verändere die Spannungsgefühle, indem ich mich auf die Spannung der Zehen in die andere Richtung einstelle ... und löse die Anspannung. ...
Nun stelle ich mir vor, daß alle meine Muskeln und meine ganze Person in Spannung geraten. Ich verstärke dieses Gefühl und spüre die verschiedenen Spannungszustände. ... Ich beende diese Vorstellung und denke jetzt nicht mehr an Spannung, sondern richte meine Gedanken wieder auf wohltuende Entspannung. ...
Die Entspannung breitet sich schrittweise in meinem ganzen Körper aus; ich nehme die einzelnen Entspannungsgefühle bewußt wahr. ...

Falls eine tiefergehende Entspannung mit Schwere- oder Müdigkeitsgefühl zustande gekommen ist, aktivieren Sie wie gewohnt. Wenn Sie die Übungen in aktuellen Belastungssituationen einsetzen, wird das jeweilige Spannungsniveau nur ein Stück gesenkt. Normalerweise ist die Entspannung dann nicht so tief, daß Sie anschließend aktivieren müssen.
Im Alltag können Sie auch einzelne Übungen kurzzeitig durchführen. Es empfiehlt sich die Auswahl derjenigen Bereiche, in denen Sie gerade Spannungen verspüren. Sie können dann die bereits vorhandene Verspannung auf der gewünschten Ebene kurz verstärken und dann loslassen.
Nach wenigen Trainingswochen können Sie die eingeübte Entspannung bereits vor bzw. in emotional belastenden Situationen hervorrufen. Gehen Sie pragmatisch vor und wählen Sie jeweils die Vorgehensweisen, mit denen Sie zu den besten Entspannungsergebnissen kommen.

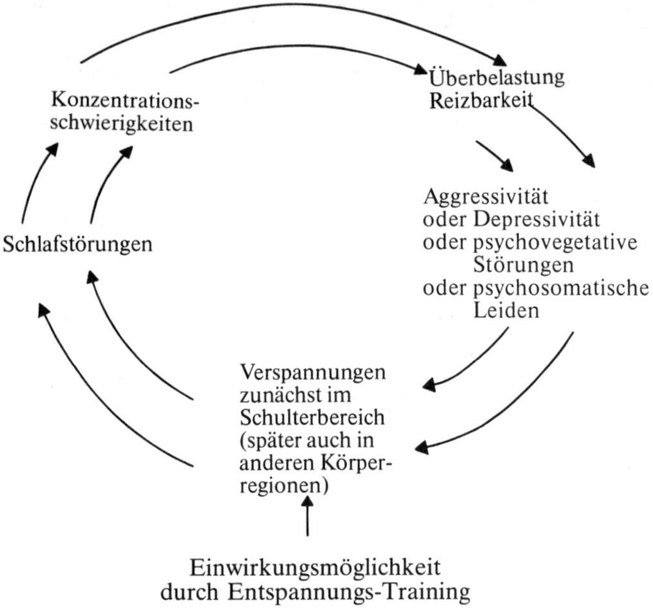

Kreisprozeß der Verspannungen

Entspannungs-Training und systematischer Angstabbau

Die Ursachen von Spannungen sind häufig in zugrundeliegenden Ängsten zu finden. Ängste führen zu Spannungen und ernsten psychischen sowie körperlichen Störungen. Der Spannungszusammenhang zeigt die Bedeutung eines Entspannungs-Trainings beim Abbau von Ängsten. Das Tiefmuskel-Entspannungs-Training spielt bei dem hier erläuterten verhaltenstherapeutischen Programm eine entscheidende Rolle.

Bevor ich Ihnen dieses Programm zum Abbau von gelernten Ängsten (Phobien) vorstelle, möchte ich noch einige grundlegende Erläuterungen zum Phänomen Angst voranstellen.

Erscheinungsformen von Angst

Die Angstfähigkeit ist eine wichtige Eigenschaft des Menschen, die als Grundausstattung durchaus positiv zu sehen ist. Was ist Angst und welchen Sinn hat sie?

Angst hängt mit Enge zusammen, wie die lateinischen Worte Angustus und Angina zeigen; das griechische Wort Angchein bedeutet Würgen und macht den Gefühlsaspekt der Engewahrnehmung bzw. der Angst deutlich.
Vom Gefühl her gesehen ist Angst gleichbedeutend mit dem Erleben von Bedrohung. Wenn der Betroffene keine geeigneten Reaktionen findet, kommen Hilflosigkeitsgefühle und Panik hinzu, wodurch körperliche Fehlreaktionen zustande kommen und die Handlungsfähigkeit weiter behindert wird.

Angst macht sich außer im Gefühlsbereich auch körperlich bemerkbar: es kommt zur Aktivierung im Hormonhaushalt und zur Spannungssteigerung im vegetativen Nervensystem, wodurch

u. a. Herzschlag, Atemfrequenz, Stoffwechsel beschleunigt und die Muskeln angespannt werden (vgl. S. 22).
In Gefahrsituationen ist diese Aktivierung sehr sinnvoll, um sich der Gefahr körperlich stellen zu können. Neben der Optimierung des Aktivitätsniveaus werden auch die Wahrnehmungsmöglichkeiten verstärkt, was z. B. im Straßenverkehr von Bedeutung ist.
Die körperliche Aktivierung eröffnet die Möglichkeit, mit Angriff oder Flucht zu reagieren, was für die Menschen in der Steinzeit sicher wichtiger war als für den Zivilisationsmenschen. Für den heutigen Menschen sind die biophysischen Aktivierungen sogar schädlich, wenn die aufgebauten Energiereserven nicht durch körperliche Betätigung wieder abgebaut werden. Bei stärker werdender Angst verschärft sich das Bild: Es werden noch mehr nicht benötigte Aktivitätspotentiale bereitgestellt, aber die Reaktions- und Handlungsmöglichkeiten nehmen ständig ab. Eine optimale Handlungsfähigkeit besteht bei leichter Angstspannung. (Vgl. Abb. 39.)

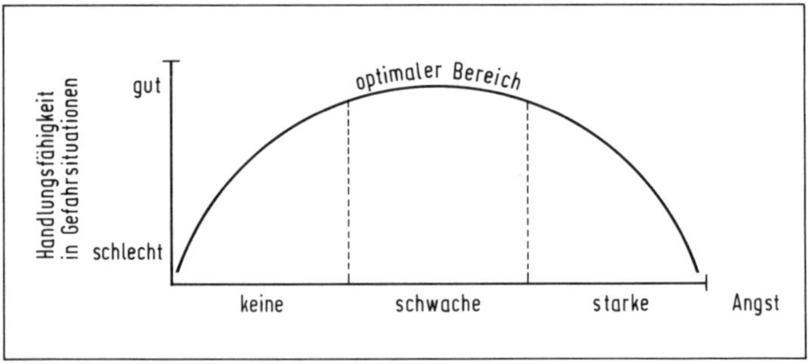

Abb. 39: Angststärke und Handlungsfähigkeit

Bei stärkerer Angst kommt es zum Energiestau und zur Handlungsblockade. Bei extremer oder chronischer Angst brechen die psychosomatischen »Sicherheitsventile« und es werden Bereiche mit Schmerzen und Krankheiten überflutet, die zunächst nur mittelbar beteiligt waren. In einer solchen Situation, in der die körperliche Flucht gewünscht aber blockiert ist, wird die Flucht in vielen Fällen ins Seelische verschoben. Folgen solcher fehlgeleiteten Fluchtversuche sind abgespaltete Ängste, psychovegetative Störungen oder psychosomatische Erkrankungen.

	A Flucht	B Bewegungslosigkeit	C Angriff
I. Körperlich	Körperliche Aktivität (Weglaufen)	Körperliche Inaktivität (sich totstellen, sterben)	Körperliche Aktivität (kämpfen, entgegentreten)
II. Geistig	Geistige Abwehr und Rückzug (Verfolgungswahn)	Geistige Blockade (Gedankensperre)	Geistige Verarbeitung (sich bewußt dem Gegenstand der Angst stellen bzw. das Problem analysieren)
III. Seelisch	Seelische Flucht und Vermeidungsversuche (Phobie Zwangsneurose Herzneurose Kopfschmerzen Alkoholismus Asthma Magengeschwür u.a.)	Seelisches Festgefahrensein (Depression)	Emotionale Verarbeitung (sich in die Angstthematik hineinfallen lassen oder sich schrittweise dem Gegenstand der Angst annähern. Mögliche Therapieform: Systematische Desensibilisierung mit Entspannungs-Training)

*Abb. 40: Reaktionsmöglichkeiten bei Ängsten und Konflikten**
(In Klammern stehen jeweils konkrete Beispiele).
Die günstigsten Verhaltensweisen sind eingerahmt.

* aus HELMUT BRENNER: Autogenes Training – Schritt für Schritt, ht 336, Seite 103, Humboldt-Taschenbuchverlag, München

Die Abb. 40 soll die hier besprochenen Zusammenhänge weiter verdeutlichen und günstige Reaktionsweisen beim Umgang mit Ängsten aufzeigen.
Die körperliche Aktivität könnte als überlegter Rückzug oder selbstbewußtes Entgegentreten stattfinden. Auch Tiefmuskel-Entspannungs-Übungen können zum Abbau der aufgebauten Energie beitragen. Sie können auch einmal um den Block laufen, Gartenarbeit durchführen oder sich schon vorbeugend einem Sportverein anschließen bzw. regelmäßig ein Bewegungshobby ausüben. Die sportliche Betätigung soll an die Bedingung geknüpft sein, daß dadurch keine Leistung erbracht, sondern Entlastung, Ausgleich, Freude und damit Entspannung gebracht werden sollen.
Auf der geistigen Ebene kann die Bewältigungsstrategie so aussehen, daß Sie zunächst das vordergründige Angstthema und dann die eventuell vorhandene, aber verdrängte Hintergrundangst analysieren. Bei Herzängstlichkeit liegt wahrscheinlich keine Angst vor dem Organ Herz vor, wahrscheinlich auch keine konkrete Angst vor einer Herzerkrankung, sondern eher die Angst vor Schmerzen, vor einem unwerten Leben bzw. vor dem Sterben.
Engeangst, z. B. in Aufzügen oder Tunnels, ist erst sekundär Angst vor engen Räumen. Primär hat der Klaustrophobiker Angst, eine irgendwie festgefahrene Lebenssituation wahrzunehmen, und verhindert dadurch eine Lösung. Zur Lösung der Ängste ist das Erkennen, Sich-nähern, Anfassen und Bearbeiten der Angstthemen notwendig. Dies kann mit Hilfe von Gesprächen mit Bekannten oder Personen der psychosozialen Versorgung geschehen. Dabei soll es um Aussprachemöglichkeiten und aufarbeitende Beschäftigung mit dem Angstthema gehen und weniger um Ratschläge und Lösungshinweise. Bei Gesprächen über Angstthemen soll darauf geachtet werden, geistig und emotional beim Thema zu bleiben und keine Fluchtmöglichkeiten durch Ablenkung, Themenwechsel oder Beschwichtigungen wie »Es ist ja nicht so schlimm« zuzulassen.
Der wichtigste Gesichtspunkt bei der emotionalen Verarbeitung ist das gezielte und gewollte Zulassen von Angstgefühlen, weil die Angst nur so der schrittweisen Bewältigung zugänglich gemacht wird. Jede Vermeidung und Flucht vor der Hintergrundangst führt zur Verstärkung der vorgeschobenen Ängste oder zu Krankheiten.
Diese Gefahren bestehen nur, wenn die innere Flucht vor Ängsten

angetreten wird. Viele Ängste und Probleme verblassen im Laufe der Zeit und werden durch zunehmende Gewöhnung weniger belastend.
Bei der gezielten Auseinandersetzung mit Ängsten werden Verhaltens- und Einstellungsänderungen angestrebt. Bei der hier beschriebenen systematischen Desensibilisierung von Ängsten geht es besonders um den Abbau der physiologischen, geistigen und emotionalen Komponenten und Folgen bei inadäquater Angst.

Wer leidet unter solchen Ängsten, und um welche Angstthemen handelt es sich?

Der Prokurist, der seit seiner Beförderung nicht über Brücken fahren kann.
Die Lehrerin, die Kontakte zu Mitmenschen immer mehr meidet, weil sie Angst hat zu erröten.
Die Hausfrau, die seit der Geburt ihres ersten Kindes Panikgefühle in Aufzügen entwickelt.
Der arbeitslose Handelsvertreter, der in Kaufhäusern Schweißausbrüche bekommt.
Die Sekretärin, die eine Zitter- und Schüttellähmungsangst entwikkelte, nachdem sie in einer Überlastungssituation den Bleistift nicht ruhig halten konnte.
Das Kind, das nach einem bestimmten Erlebnis Wasser- oder Dunkelangst entwickelt.
Die vielen Mitmenschen, die vor Spinnen oder Mäusen eine bis zur Panik gehende Angst entwickeln.
All diese Ängste wurden entweder von einem Modell (Vater, Mutter, Bekannte) gelernt, mit einer bestimmten Situation verknüpft (Situation, in der Erröten bzw. Zittern auftraten) oder auf eine zunächst neutrale Situation verlagert (Brücken bzw. Kaufhäuser).
Die Verknüpfungs- und Verlagerungszusammenhänge sind in den vorstehenden Beispielen angedeutet. Die Zusammenhänge müssen nicht exakt in der hier angedeuteten Art und Weise auftreten, es sind viele andere Kombinationen möglich. Die Verhaltensanalyse zeigt die jeweilig zutreffenden Zusammenhänge.
Die Entstehungsgeschichte der Phobien ist meistens vielschichtiger, als hier dargestellt. Die individuelle Lerngeschichte, das soziale Umfeld, stufenweise Entwicklungen und zusätzliche Konditionierungen spielen eine Rolle.

Wer sich über Modelle zur Angstentwicklung und Angsttherapie noch genauer informieren möchte, kann dies mit Hilfe folgender Bücher tun:

S. Rachman: Verhaltenstherapie bei Phobien, München, 1972
F. H. Kanfer/A. P. Goldstein: Möglichkeiten der Verhaltensänderung, München, 1977
C. Kraiker: Handbuch der Verhaltenstherapie, München, 1974

Allgemein gesagt, wurzeln Ängste in auslösenden Situationen oder Erlebnissen. Sie werden meistens klassisch oder operant (s. u.) mit einem Aspekt der angstauslösenden Situation verknüpft. Es werden Vermeidungsstrategien aufgebaut. Die durch die Vermeidungsstrategie abgespaltene Angst wird unangemessen stark und überdauernd. Die Phobie hat die Tendenz zur Ausbreitung auf ähnliche Situationen und Lebensbereiche.
Das Modell der klassischen Konditionierung, das allen Phobien zugrunde liegt, geht auf den russischen Physiologen I. Pawlow zurück. Er zeigte bei Hunden, die ebenso wie Menschen beim Anblick von Speisen mit Speichelsekretion reagieren, daß die Speichelsekretion auch dann auftritt, wenn ein Glockenton erklingt. Die klassische Konditionierung kommt dadurch zustande, daß der Glockenton einige Male zusammen mit dem Futter dargeboten wird. (Siehe Abb. 41.)

1. Futter sehen	⇨	Speichelsekretion
2. Futter sehen + Glockenton	⇨	Speichelsekretion
3. Glockenton allein	⇨	Speichelsekretion

Abb. 41: Modell der Klassischen Konditionierung

Auf ein Angstbeispiel übertragen, sieht das Modell folgendermaßen aus:

1. Lautes undefinierbares Geräusch oder Schreien	⇨	Schreck und Angst
2. Lautes Geräusch und Spinne	⇨	Schreck und Angst
3. Spinne allein	⇨	Schreck und Angst

Die meisten Entstehungsgeschichten sind vielschichtiger:

1. Geburtstagsempfang des neuen Chefs	⇨	Angst (vor Blamage) Innere Unruhe, Magendruck »Inneres Zittern«
2. Geburtstagsempfang + Glas in der Hand halten und sich beobachtet fühlen	⇨	Angst (vor Blamage) Innere Unruhe, Magendruck Leichtes Zittern der Hand
3. Glas in der Hand halten und sich beobachtet fühlen	⇨	Angst (vor Blamage) Innere Unruhe Angst vor Zittern Zittern der Hand

In diesem Beispiel sind es vor allem die Erwartungsängste, die daraus resultierenden Vermeidungsversuche und negative Gedanken wie »Hoffentlich zittere ich nicht«, die die Angst und das Zittern weiter zunehmen lassen. Hinzu kommt, daß die Angst sich auch im Körper mit Spannungen und Verkrampfungen sowie mit Erhöhung von Atem- und Herzfrequenz bemerkbar macht. Die Wahrnehmung dieser Veränderungen kann ihrerseits die Angst weiter steigern und zu psychosomatischem Kontrollverlust, d. h. zu Gesundheitsstörungen bzw. Krankheiten führen.
Bei operant konditionierten Ängsten werden die Ängste durch die Konsequenzen verstärkt, die einer bestimmten Situation folgen.

Beispiel:

Chef erbittet Überstunden	⇨	Fühle mich überlastet, kann aber nicht nein sagen, weil ich Angst vor Imageverlust habe	⇨	Durch Lob und Geld wird die Zusage verstärkt. Die Unsicherheit und die Angst werden dadurch momentan gemildert, auf Dauer gesehen aber verstärkt, weil auf die ängstlich durchgeführte Handlung immer wieder positive Konsequenzen folgen und befürchtete Konsequenzen wie Imageverlust vorübergehend wegfallen.

Solche operant konditionierten Ängste müssen anders behandelt werden als klassisch konditionierte Ängste. Die einzelnen Glieder der Kette müssen hinterfragt und aus dem Ergebnis die Änderungsschritte abgeleitet werden: Warum fragt der Chef gerade mich? Wodurch fühle ich mich überlastet? Ist es tatsächlich die Arbeit oder sind es persönliche Schwierigkeiten oder Fehlverhaltensweisen? Warum kann ich schwer nein sagen? Ist mein Selbstwertgefühl so wenig gefestigt, daß Ansehen und Image eine so bedeutende Rolle spielen? Wodurch kann ich mein Selbstwertgefühl steigern? Wie kann ich auf anderem Wege Lob, Anerkennung und Zufriedenheit erlangen?
Das Entspannungs-Training kann helfen, ruhiger und gelassener an die Lösung der hier anstehenden Fragen heranzugehen. Eine systematische Desensibiliserung kommt bei operant konditionierten Ängsten nicht in Frage.
Mit der speziellen Technik der systematischen Entängstigung können Ängste abgebaut werden, die wie die Phobien von der Entstehung her klassisch konditioniert sind, d. h., die mit bestimmten Situationen verknüpft sind und von bestimmten psychovegetativen Symptomen (Schweißausbruch, Schwindel, Herzjagen, Zittern, . . .) begleitet werden.
Bei der weiteren Entwicklung der Phobien kommen besonders durch die Vermeidungsstrategien noch operante Konditionierungen hinzu, die ihrer Entstehungsgeschichte entsprechend behandelt werden können.
Zur Vorbereitung der systematischen Desensibiliserung ist es notwendig, die Angst erst einmal zu beschreiben und ihre Entstehungsgeschichte aufzuzeigen. Der folgende Angstfragebogen kann Ihnen dabei behilflich sein.

Die Beantwortung des Angstfragebogens kann Ihnen die Entstehungsbedingungen und Auswirkungen Ihrer Angst verdeutlichen helfen. Die Entstehungsgeschichte Ihrer Angst kann Ihnen auch zeigen, ob es sich um eine im Ursprung klassisch konditionierte Angst handelt. Bei einer solchen Angst stehen die im letzten Teil des Angstfragebogens genannten psychophysiologischen Störungen im Vordergrund.

Angstfragebogen

Sie haben hier einen Fragebogen vor sich, mit dessen Hilfe Sie Ihre Angst näher beschreiben können.

Mein Angstthema: . . . .

Wie zeigt sich die Angst? . . . .

. . . .

Seit wann besteht sie? . . . .

Wurde sie durch ein bestimmtes Ereignis/Situation ausgelöst? ja ( ); nein ( ); weiß nicht ( );

Wenn ja, welches? . . . .

Wie häufig tritt die Angst auf? . . . .

Ist die Intensität der Angst in jeder Situation gleich?. . . . . .

Welche Bedingungen (Spez. Situationen, Ereignisse, Gedanken, Bewertungen etc.) haben Einfluß auf die Angststärke? .

. . . .

Nennen Sie eine typische Angstsituation, bei der zum Zeitpunkt A die Angst ziemlich stark und zum vergleichbaren Zeitpunkt B die Angst nur ansatzweise auftritt: . . . .

Welche situativen Unterschiede liegen vor? . . . .

Welche Empfindungen treten auf?. . . . .

Wie häufig und wie stark treten bei Ihnen die folgenden Störungen auf:

	häufig	selten	nie	stark	schwach
Muskelverspannungen	( )	( )	( )	( )	( )
Zittrigkeit	( )	( )	( )	( )	( )
Weiche Knie	( )	( )	( )	( )	( )
Aufsteigende Hitze	( )	( )	( )	( )	( )
Schwindelgefühle	( )	( )	( )	( )	( )
Kalte Hände/Füße	( )	( )	( )	( )	( )
Kopfdruck	( )	( )	( )	( )	( )
Kloß-Würgegefühl	( )	( )	( )	( )	( )
Magenbeschwerden	( )	( )	( )	( )	( )
Herzjagen/-druck	( )	( )	( )	( )	( )
Atembeklemmung	( )	( )	( )	( )	( )

Programm zum systematischen Angstabbau

Ich stelle hier die systematische Desensibilisierung, ein verhaltenstherapeutisches Programm zum systematisch-schrittweisen Abbau von Ängsten, vor. Dieses Programm eignet sich zum Abbau einer Vielzahl von klassisch konditionierten Ängsten.
Einige Beispiele für phobische Ängste seien hier genannt: Klaustrophobie (Engeangst, z. B. im Fahrstuhl), Agoraphobie (Weiteangst, z. B. auf großen Plätzen), Akrophobie (Höhenangst, z. B. in Hochhäusern), Erythrophobie (Errötungsangst), Tremorphobie (Zitterangst), Tierphobien, soziale Ängste, sexuelle Ängste.
Ein klassisch konditionierter Angstreiz (z. B. Glas in der Hand halten bzw. der Gedanke daran) ruft um so stärkere Angst hervor, je häufiger er im Angstzusammenhang erlebt wird. Wenn nun die Situation so gestaltet wird, daß auf den Angstreiz weniger und schließlich keine tatsächliche Angst mehr folgt, dann wird die Konditionierung nicht gestärkt, sondern geschwächt und durch Wiederholung des Vorgehens gelöscht bzw. verlernt.

Wie kann ein Programm aussehen, das das Verlernen von Angstreaktionen zum Ziel hat? Ich nenne Ihnen zunächst die einzelnen Programmteile im Überblick:

1. Verhaltensanalyse
2. Erklärung des therapeutischen Vorgehens
3. Einübung des Tiefmuskel-Entspannungs-Trainings
4. Notieren von angstauslösenden Situationen
5. Erstellung einer Angsthierarchie
6. Desensibilisierung in der Vorstellung
7. Desensibilisierung in der Realität
8. Analyse und Aufarbeitung der Hintergrundängste

Mit der Verhaltensanalyse (Verhaltensmäßige Situationsanalyse und Entwicklungsgeschichte der Angst) haben Sie sich in diesem Kapitel bereits kurz beschäftigt. Das therapeutische Vorgehen wird im Moment erläutert. Das Tiefmuskel-Entspannungs-Training haben Sie bereits eingeübt. Das Notieren der angstauslösenden

Situationen und die Erstellung der Angsthierarchie sollen jetzt besprochen werden:
Notieren Sie möglichst viele Situationen, in denen Sie Angst haben. Beschreiben Sie diese Situationen und die dabei auftretenden Empfindungen in Stichworten. Sie verwenden am besten für jede Situation ein gesondertes Blatt. Notieren Sie Situationen, die große Angst auslösen, und solche, die geringere Angst in Ihnen auslösen.

- Beispiel für eine starke Angst:
  »Situation: Ich sitze im Kino in der Mitte der Bankreihe. Es setzt sich jemand auf den Eckplatz; mir kommt der Gedanke: hier kann ich u. U. nicht schnell genug heraus. Gefühle/körperliche Wahrnehmungen: Ich bekomme Angst. Ich spüre ein Zuschnüren des Halses, Schweißausbruch, kalte Hände, und Panik steigt in mir hoch.«

- Beispiel für eine schwache Angstsituation:
  »Im Kino am Rande sitzend oder in einem Vortragssaal mit wenigen Personen. Gefühle: Leichtes Unbehagen, Unruhe, Kopfdruck.«

- Angst eines Klienten mit Erythrophobie:
  »Situation: Ich bin in einer Versammlung mit etwa 20 Kollegen; die meisten kenne ich kaum. Der Leiter fragt nach unserer Meinung zur momentanen beruflichen Lage. Keiner sagt etwas. Der Leiter schaut einzelne an. Ich befürchte, daß er auch mich anschaut und ich dann erröte. Gedanke/Bewertung: Mir fällt nichts ein. Vor so vielen Leuten kann ich sowieso nicht reden. Am liebsten möchte ich mich verkriechen. Gefühle/körperliche Wahrnehmung: Innere Unruhe, Herzklopfen, Blutandrang zum Kopf, kalte Hände.«

- Eine andere angstbesetzte Situation des gleichen Klienten: »Wir sitzen mit Bekannten im Restaurant. Als wir über Schlankheitskuren sprechen, schaut Frau E. mich an und sagt: Du könntest ruhig ein bißchen dünner sein. Gedanke/Bewertung: Alle schauen mich an, mir ist das peinlich. Ich erröte, möchte im Boden versinken. Gefühl/körperliche Wahrnehmung: Ich spüre sowohl Wut als auch Ohnmacht. Das Herz schlägt bis zum Halse.«

- Angst eines Klienten mit Herzphobie (Todesangst): »Situation: Ich sitze im Café und lobe den guten Kaffee. Gedanken/Bewertungen: Plötzlich denke ich daran, daß starker Kaffee bei mir zu Herzrasen führt. Gefühle/körperliche Wahrnehmungen: In mir steigt ein Angstgefühl auf, und es kommt tatsächlich zu Herzrasen und Schweißausbruch.«

- Eine andere angstauslösende Situation des gleichen Klienten: »Ich gehe spazieren. Plötzlich bemerke ich, daß keine Häuser mehr in der Nähe sind. Gedanke: Was wäre, wenn ich jetzt umkippen würde? Gefühle/körperliche Wahrnehmungen: Ich bekomme Angst, Schwindelgefühle und Herzrasen.«

Die Beschreibungen sollen sowohl kurz als auch umfassend sein. Wenn Sie die Beschreibung lesen oder hören, soll Ihnen die Situation sofort plastisch vor Augen sein.
Die Beschreibung kann auf folgendem Musterblatt erfolgen.

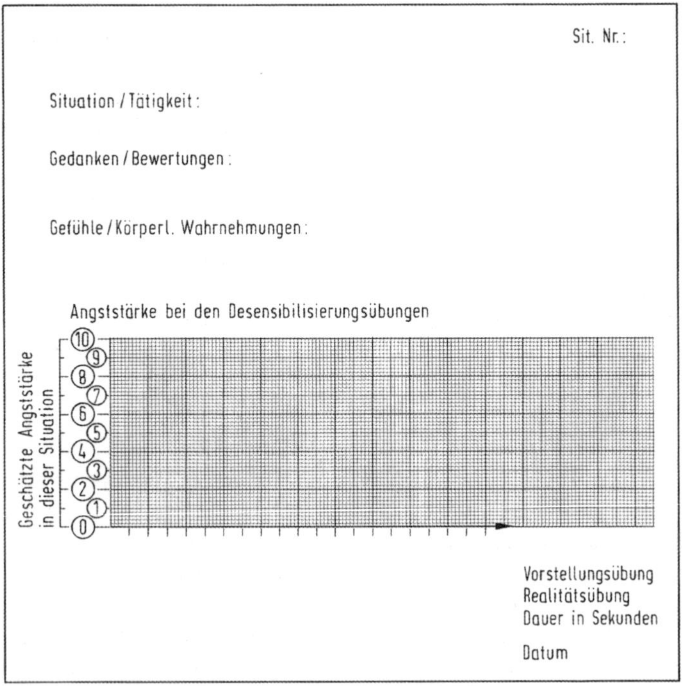

Abb. 42: Arbeitsblatt für systematischen Angstabbau

Nun versuchen Sie, die Angststärke einzuschätzen, die die notierte Situation in der Realität auslöst. Sie können dafür die zehnstufige Skala links neben der eingerahmten Zahlenreihe (siehe Abb. 42 am linken Rand) verwenden. Die Nr. 10 soll für die stärkste bisher erlebte Angst gegeben werden, die Nr. 5 für mittlere Angst und 0 bei absolut keiner Angst. Wenn Ihnen die Vorstellung einer Temperaturskala lieber ist, können Sie die Zahlen auch verzehnfachen. Dann bedeutet 100° siedendheiße Angst, 50° mittlere Angst und 0° keine Angst. Markieren Sie den Angstwert der Situation mit einem Kreuz auf der Skala am linken Rand (vgl. die Arbeitsblätter auf den Seiten 145, 146 und 147).

Es bereitet normalerweise keine großen Schwierigkeiten, die Angststärke einzuschätzen. Überlegen Sie und empfinden Sie nach, wie stark innere Anspannung und psychovegetative Symptome ausgeprägt sind. Orientieren Sie sich an den extremen Situationen.

Tragen Sie für jede Ihrer Situationen die entsprechende Angststärke ein und ordnen Sie die Situationskarten nach ihrer Angststärke. Karten mit gleichen Zahlen legen Sie untereinander. Für fehlende Zahlen lassen Sie eine Lücke.

Sie sollten für jede Angststärke eine Situation beschrieben haben, damit bei den Übungen zum Angstabbau keine zu großen Sprünge zwischen den Angstintensitäten entstehen. Haben Sie Lücken in Ihrer Angstrangreihe, beschreiben Sie jetzt weitere Situationen. Wenn Ihnen keine neuen mehr einfallen, können Sie auch die vorhandenen Situationen durch Erschwerung oder Erleichterung von Einzelkomponenten ergänzen.

Beispiel: »Ich gehe einen Schritt näher auf das angstmachende Objekt zu« oder »In dem Raum, in dem ich starke Angstgefühle habe, sind statt 50 Leute 5 Leute.«

Insgesamt sollten Sie schließlich 10–30 Situationen vor sich liegen haben, die Sie jetzt durchnumerieren können. Die Situation, die die geringste Angst auslöst, bekommt die Rangzahl 1, die schwierigste Situation, die den höchsten Angstwert erhalten hat, bekommt die letzte Nummer. Auf dem Musterblatt (siehe Abb. 42) soll die laufende Nummer oben rechts eingetragen werden. Damit ist die Angsthierarchie erstellt.

Diese Vorarbeiten sind notwendig, damit Sie ein schrittweises, systematisches Vorgehen zur Überwindung der Angst durchführen können. Sie beginnen dabei mit der Situation, die in Ihrer Angst-

hierarchie an unterster Stelle steht; d. h., die den geringsten Angstwert hat.
Sie sollen zunächst Vorstellungsübungen durchführen, um sich zuerst in der Vorstellung an die ängstigenden Situationen annähern zu können. Wenn die Angst in der Vorstellung abgebaut ist, ist der schwierigste Schritt getan, weil Angst in der Hauptsache ein Vorstellungsphänomen ist, d. h., von Gedanken und Empfindungen ausgelöst wird. Die Übertragung in die Realität ist dann nicht mehr schwierig und wird zur Absicherung des Erreichten durchgeführt. Ich sage Ihnen dies, damit Sie verstehen, warum auf die Desensibilisierung in der Vorstellung so großer Wert gelegt wird.
Bei den Vorstellungsübungen versuchen Sie, sich in die Angstsituation möglichst intensiv hineinzuversetzen. Lesen oder hören Sie die Situationsbeschreibung, stellen Sie sich die Situation möglichst bildhaft vor und versetzen Sie sich, so gut es eben geht, in die dabei aufkommenden Gedanken, Angstgefühle und körperlichen Wahrnehmungen hinein.
Dieses Vorgehen wird Ihnen vom ersten Anschein her sicherlich paradox erscheinen: Sie rufen bewußt und gezielt die Angstgefühle hervor, die Sie abbauen wollen. Der entscheidende Unterschied zu sonstigen Angstsituationen liegt darin, daß Sie versuchen, die Angstgefühle selbst aktiv hervorzurufen und nicht passiv davon überfallen werden. Schon diese Selbststeuerung wirkt angstreduzierend, da sie dosiert und schrittweise geschieht.
Das Entscheidende bei diesem Vorgehen ist, daß im Anschluß an die Vorstellung der Angstsituation eine Entspannung folgt. Die Angst wird also sofort wieder gezielt abgebaut, und zwar durch eigene Handlung.
Angst ist mit Entspannung unvereinbar. Beginnen Sie deshalb vor den Vorstellungsübungen mit dem Entspannungs-Training, damit Sie aus einem optimal entspannten Gefühl heraus mit den Desensibilisierungsübungen beginnen können. Die Entspannungs-Übungen führen Sie so lange durch, bis das allgemeine Angst- und Spannungsniveau einen Wert von 0 bis 1 erreicht. Dazu werden Sie 2 bis 10 Minuten benötigen.
Wenn Sie einigermaßen gut entspannt sind, stellen Sie sich auf Ihre Situation Nr. 1 ein; versetzen Sie sich intensiv in diese hinein und versuchen Sie, die innere Spannung und Erregung hervorzurufen, die Sie in dieser Situation schon einmal erlebt haben. Bleiben Sie

15–30 Sekunden bei dieser Vorstellung . . . beenden Sie dann diese Vorstellung und stellen Sie sich auf Entspannungs-Übungen ein. Führen Sie aktiv oder in der Vorstellung eine oder mehrere Übungen aus dem Tiefmuskel-Entspannungs-Training durch. Bleiben Sie so lange bei den Entspannungs-Übungen, bis das allgemeine Angst- und Spannungsniveau wieder auf 0–1 gesunken ist; dies ist normalerweise nach 30–60 Sekunden geschehen. Stellen Sie sich dann wieder auf genau die gleiche Situation ein, aktivieren Sie die Angstgefühle und führen Sie nach 15 oder 30 Sekunden wieder Tiefmuskel-Entspannungs-Übungen durch. Wiederholen Sie diesen Vorgang so oft, bis die Spannungsstärke bei 0 bleibt oder höchstens bis 1 ansteigt, obwohl Sie sich wirklich intensiv bemühen, die früher erlebten Angstgefühle wieder hervorzurufen. Dies ist normalerweise nach 5 bis 10 Vorstellungsübungen erreicht. Beenden Sie dann Ihre Vorstellungsübung oder wenden Sie sich der nächsten Situation zu:

Beginnen Sie mit einigen Entspannungs-Übungen . . . stellen Sie sich dann möglichst intensiv auf die nächste Situation ein . . . und entspannen Sie wieder. . . . Wiederholen Sie dies, bis Sie auch die zweite Situation angstfrei oder fast angstfrei erleben. . . . usw.

Beenden Sie Ihre Vorstellungsübungen möglichst nur dann, wenn die Angst in der jeweiligen Situation fast vollständig abgebaut ist.

Die erlebte Angststärke kann bis zur 3. oder 4. Vorstellungsübung u. U. ansteigen. Sollte sie danach nicht nachlassen, dann ist wahrscheinlich der Angststärkesprung zwischen zwei Situationen zu groß, und Sie sollten einen Zwischenschritt einlegen. Erst wenn die Angst in der neu formulierten Situation abgebaut ist, sollten Sie mit der Situation weitermachen, die Ihnen vorher Schwierigkeiten bereitet hat.

Mit den sich abwechselnden Vorstellungs- und Entspannungs-Übungen arbeiten Sie Ihre ganze Angsthierarchie durch.

Sobald die Angst in der Vorstellung abgebaut ist, werden die betreffenden Situationen in der Realität aufgesucht. Wenn dies nicht möglich ist, werden entsprechende Situationen arrangiert oder in der Realität simuliert.

Arrangieren und Simulieren von Angstsituationen kann auch als Zwischenschritt verwendet werden, falls gegen die Realitätsübungen wider Erwarten noch zu große Bedenken bestehen. In solchen Fällen ist es aber wahrscheinlich, daß die Desensibilisierung in der

Vorstellung noch nicht genügend weit fortgeschritten ist oder »tiefersitzende« psychische Störungen, wie Selbstunsicherheit oder Depressionen, noch nicht genügend aufgearbeitet und damit abgebaut sind. Dies sollte dann mit psychotherapeutischer Hilfe nachgeholt werden.

Sobald die Ängste in der Vorstellung und eventuell vorhandene Hintergrundängste abgebaut sind, werden die Situationen der Angsthierarchie systematisch in der Realität aufgesucht. Sie fangen dabei auch mit der leichtesten Situation an und suchen möglichst ähnliche Situationen auf. Zur Vorbereitung führen Sie wieder einige Entspannungs-Übungen durch. Zur Nachbereitung führen Sie wieder Entspannungs-Übungen durch und gehen die soeben erlebte Situation nochmals gedanklich durch. Bei Situationen, die sich nicht, wie in der Vorstellung, in Schritte unterteilen lassen, bleibt es Ihrer Phantasie überlassen, zunächst geeignete Simulationen durchzuführen. In der Realität sollten Sie dann immer wieder Entspannungs-Übungen in den gerade ablaufenden Prozeß einfügen, damit auch dort auf einen Angstreiz nicht Angst, sondern Abbau von Angst und zunehmende Entspannung folgen kann.

Bei den Realitätsübungen suchen Sie eine bestimmte Situation Ihrer Angsthierarchie auch so lange auf, bis keine oder kaum noch Angst auftritt. Erst dann gehen Sie zur nächsten Situation über.

Wenn die Angstintensität nicht nachläßt, war der vorgenommene Schritt zu groß. Kehren Sie zur letzten angstfrei bestandenen Situation zurück und formulieren Sie einen oder mehrere Zwischenschritte. Wenn diese fast angstfrei erlebt werden, können Sie mit dem vormals schwierigen Schritt weitermachen. Achten Sie stets darauf, daß Sie sich nicht überfordern. Wenn Sie Bedenken haben, zum nächsten Schritt überzugehen, fügen Sie einen Zwischenschritt ein. Mit kleineren Schritten kommen Sie sicherer zum Ziel.

Führen Sie Ihre Desensibilisierungsübungen möglichst täglich und wenigstens zweimal in der Woche etwa eine halbe Stunde bis zu einer Stunde lang durch.

Der gesamte zeitliche Aufwand wird sich auf etwa 10 bis 50 Stunden, in schweren Fällen auf rund 100 Stunden belaufen. Fragen Sie sich vor Beginn, ob die Beseitigung Ihrer Ängste Ihnen diesen Aufwand wert ist. Wenn Sie sich zur Durchführung dieses Programms entschließen, sollten Sie nämlich möglichst konsequent die einzelnen Schritte hintereinander durchführen.

Behandlung einer Phobie

Abschließend möchte ich Ihnen zur weiteren Veranschaulichung die Behandlung der Tremorphobie (Angst vor Zittern) bei Frau S. schildern. Bei der Besprechung der Verhaltensanalyse habe ich auf diesen Fall bereits Bezug genommen.
Frau S. leidet seit 15 Monaten unter Zitterangst; ärztlicherseits ist geklärt, daß dem Zittern keine organische Erkrankung zugrundeliegt. Das erstmalige Auftreten des (inneren) Zitterns geht auf den Geburtstagsempfang des neuen Chefs zurück. Das zweite Mal trat es einen Monat später bei einem anderen Geburtstagsempfang auf. Dabei kam es zu sichtbarem Zittern der rechten Hand. Das dritte Ereignis folgte kurz darauf beim Kaffeetrinken mit Kollegen. Ein Jahr später hat sich Erwartungsangst vor Zittern und Angst vor Tremor ausgebildet. Situationen, in denen es zum Zittern kommen könnte, werden weitgehend gemieden; trotzdem kommt es 3–4 mal in der Woche zum Zittern der Hand.

Die ersten Schritte der Entstehungsgeschichte wurden auf Seite 133 bereits dargestellt; deshalb genügt hier die Darstellung der weiteren Entwicklung:

4. Glas/Tasse/Gegenstand in der Hand haltend, sich beobachtet fühlen	⇨	Angst vor Blamage, innere Unruhe, Zittern
5. Gedanke: »Hoffentlich zittere ich nicht!« vor dem Anfassen eines Gegenstandes	⇨	Angst vor Blamage, innere Unruhe, Zittern
6. Einladung erhalten	⇨	Angst vor Blamage, innere Unruhe, Angst vor Zittern
Vermeidung von kritischen Situationen (weniger Gegenstände anfassen bzw. mit zwei Händen anfassen, zu Hause bleiben. . . .)	⇨	Kurzfristiger Wegfall der Blamage- und Zitterangst. Kein Zittern Diese Konsequenzen verstärken das Vermeidungsverhalten, so daß eine Aufarbeitung der Phobie verhindert wird.

Die Ängste haben sich inzwischen auf andere Gegenstände und Situationen ausgeweitet. Erwartungsängste und Vermeidungsstrategien sind hinzugekommen. Die mitmenschlichen Kontakte werden weiter eingeschränkt. Selbstunsicherheit und soziale Unsicherheit, die latent vorhanden waren, treten offen zutage und verstärken sich.

Aus dieser Verhaltensanalyse lassen sich folgende Therapieziele ableiten:
1. Stärkung des Selbstwertgefühls mittels Selbstsicherheits- und Kommunikationstraining. (Auf diese Aspekte wird hier nicht näher eingegangen.)
2. Abbau der phobischen Angst mit Hilfe systematischer Desensibilisierung.

Nachdem die Verhaltensanalyse abgeschlossen ist, wird der Klientin das Vorgehen bei der systematischen Desensibilisierung und beim Entspannungs-Training erklärt und die Notwendigkeit der aktiven Mitarbeit deutlich gemacht. Sie ist zur intensiven Mitarbeit bereit, beginnt mit der Einübung des Entspannungs-Trainings und mit dem Notieren der angstmachenden Situationen.
Dann schätzt sie die einzelnen Situationen nach ihrer Angststärke ein, bildet eine Hierarchie der Situationen, ergänzt fehlende Stufen und gibt den einzelnen Situationen Rangnummern.

In der Situationshierarchie steht die am wenigsten angstmachende Situation an erster Stelle. (Siehe Situation Nr. 1 auf dem Arbeitsblatt Seite 145). Die Angststärke bei den einzelnen Vorstellungs- bzw. Realitätsübungen wird mit Punkten markiert. Die Dauer und das Datum der Übungen werden unten im Formblatt eingetragen.
Die Situationen 2–4 stellen Erschwerungen der 1. Situation dar und werden an den gleichen Tagen mit ähnlichem Erfolg wie Situation 1 desensibilisiert.

Die einzelnen Situationen sind folgendermaßen formuliert:

Nr. 1: Siehe Diagramm.
Nr. 2: Ich bin alleine im Eßzimmer und gieße Kaffee in eine Tasse.
Nr. 3: Ich sitze mit meinem Mann am Tisch, und wir trinken Kaffee.
Nr. 4: Ich sitze mit meinem Mann und den Eltern am Tisch, und wir trinken Kaffee.

Sit. Nr.: 1

Situation/Tätigkeit: Ich stehe alleine in der Küche und hebe eine Kaffeetasse.

Gedanken/Bewertungen: Das wird ja noch gerade gutgehen.

Gefühle/Körperl. Wahrnehmungen: Leichte Unruhe.

Angststärke bei den Desensibilisierungsübungen

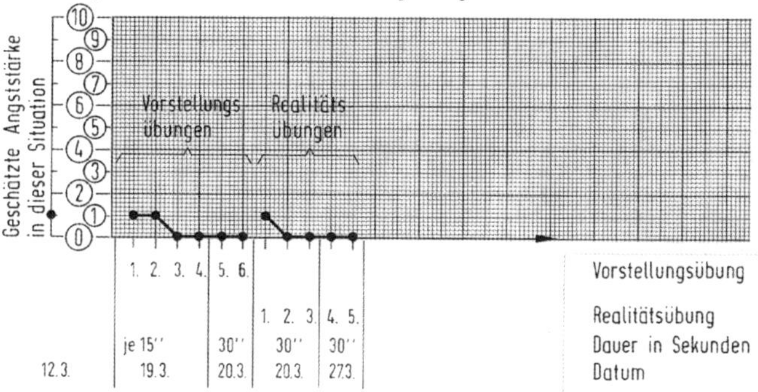

Bei den nächsten beiden Situationen mit den Rangplätzen 5 und 6 treten weder bei den Vorstellungsübungen noch bei den anschließenden Realitätsübertragungen Angst- bzw. Spannungsgefühle auf.

Nr. 5: Ich bin in der Bank und unterschreibe einen Beleg.

Nr. 6: Ich bin im Rathaus und unterschreibe ein Formular.

Als Zwischenschritt vor der relativ schwierigen Situation Nr. 8 wird Nr. 7 eingefügt.

Nr. 7: Wir haben Familie X zu Besuch und trinken Kaffee. Die geschätzte Angststärke in dieser Situation liegt beim Wert 6.

Nr. 8: Siehe Diagramm.

Die Situationen Nr. 9 und 10 beinhalten weitere Erschwerungen. Die Ängste und Spannungen werden in ähnlichen Schritten wie bei Situation Nr. 8 abgebaut.

Sit. Nr.: 8

Situation/Tätigkeit: Wir haben Familie X zu Besuch, und ich gieße Kaffee ein.

Gedanken/Bewertungen: Hoffentlich geht das gut. Ich darf mich nicht blamieren.

Gefühle/Körperl. Wahrnehmungen: Blamageangst, Innere Unruhe, "Inneres Zittern".

Angststärke bei den Desensibilisierungsübungen

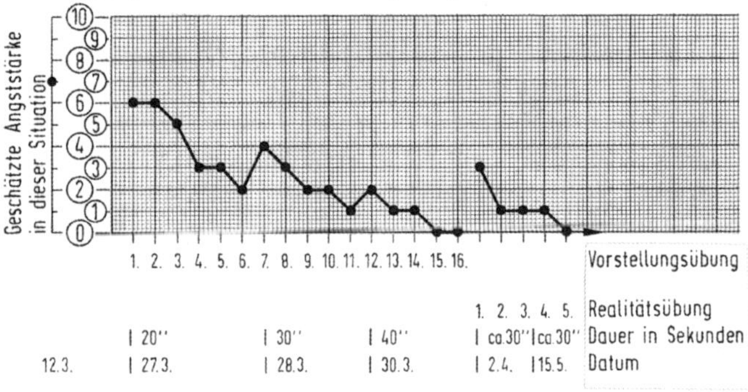

Nr. 9: Der Besuch schaut mich an, während ich die Tasse hebe.
Nr. 10: Der Besuch schaut mich an, während ich Kaffee eingieße.

Ab Nr. 11 folgen die Situationen aus der Vergangenheit, die als besonders ängstigend erlebt wurden und auch heute noch starke ängstigende Wirkung haben.

Nr. 11: Neujahr: Die Gläser werden gehoben. Gedanke/Bewertung: Ich muß jetzt zuprosten und ein gutes Neues Jahr wünschen. Gefühle/Körperliche Wahrnehmungen: Ich merke, daß meine Hand kribbelt. Eine kurze Panik steigt in mir auf. Die Nervosität nimmt zu. Beim Zuprosten zittert meine Hand.

Nr. 12: Betriebsfest . . .
Nr. 13: Geburtstag von A. . . .
Nr. 14: Geburtstag des neuen Chefs . . .

Sit. Nr.: 15

Situation/Tätigkeit: "Hoher" Besuch kommt in die Firma. Ich reiche jedem das gewünschte Getränk.

Gedanken/Bewertungen: Hoffentlich schaffe ich das. Es ist für meine berufliche Zukunft wichtig, daß ich mich nicht blamiere.

Gefühle/Körperl. Wahrnehmungen: Ich habe Angst zu versagen, Angst zu zittern, Unruhe und inneres Zittern schon bei dem Gedanken an die Situation.

Angststärke bei den Desensibilisierungsübungen

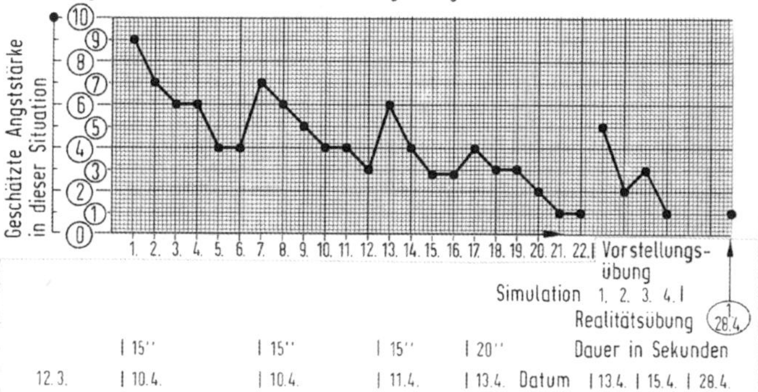

Die Angstintensitäten reichen bis zum Wert 9 und werden in der Vorstellung kontinuierlich abgebaut. Da die Vergangenheitssituationen als solche nicht in der Realität wiederholt werden können, wurden bevorstehende Familientreffen und Geburtstage als Übungssituationen genutzt. Wo sich solche Gelegenheiten nicht ergaben, wurden sie herbeigeführt bzw. simuliert, wie z. B. die Neujahrssituation.

Die Situation mit dem höchsten Rangplatz (siehe Situation Nr. 15 auf dieser Seite) gehört nicht der Vergangenheit an. Hierbei handelt es sich um einen bereits vor einigen Wochen angekündigten Besuch von Vorgesetzten in der Firma.

Während des systematischen Arbeitens mit der Situation Nr. 15 macht sich am 11. 4. ein Stagnieren des Angstabbaues bemerkbar. Die störende Selbsteinrede »Das ist für meine berufliche Zukunft wichtig« ist der Grund für die Klippe. Nachdem dieser hinderliche Gedanke hinterfragt und verarbeitet ist, geht die Desensibilisierung ohne größere Schwierigkeiten weiter. Die erste und zweite realitätsnahe Situation wird mit Bekannten simuliert. Die vorletzte und letzte Simulation wird im Firmenalltag durchgeführt. Die am stärksten ängstigende Situation ereignet sich zwei Wochen später. Die Klientin hat sich mit Hilfe von erneuten Vorstellungsübungen, nachfolgender Entspannung und gezielten Selbstbehauptungsübungen auf diese Situationen vorbereitet und kann diese mit relativ geringen Spannungsgefühlen durchleben. Die Angst ist in den Monaten danach über einen Spannungsgrad 1 hinaus nicht mehr angestiegen, und die Klientin kann sich heute kaum noch vorstellen, daß sie in den beschriebenen Situationen Angst entwickelt hatte.

Die Desensibilisierung von Phobien kann weniger Zeit in Anspruch nehmen als bei dem hier beschriebenen Fall, bei komplexen Ängsten ist sie allerdings langwieriger. Der Zeitfaktor sollte aber nur eine Nebenrolle spielen, da mit Hilfe des Angstabbauprogramms und des Entspannungs-Trainings Ängste in wenigen Monaten abgebaut werden können, die u. U. seit Jahren das Wohlbefinden und die Bewegungsfreiheit des betroffenen Menschen eingeschränkt haben.

Sollten sich Schwierigkeiten bei der systematischen Desensibilisierung oder beim Entspannungs-Training ergeben, die Sie nicht selbst ausräumen können, empfiehlt es sich, den Kontakt zu einem Verhaltenstherapeuten aufzunehmen. Die Deutsche Gesellschaft für Verhaltenstherapie, Friedrichstraße 5, 7400 Tübingen, kann Ihnen Verhaltenstherapeuten in Ihrer Region nachweisen. Der Psychologische Arbeitskreis für Autogenes Training und Progressive Relaxation (= Tiefmuskel-Entspannungstraining), Koogstraße 96, 2212 Brunsbüttel, kann Ihnen Diplom-Psychologen nachweisen, die in Ihrer Region Entspannungsverfahren lehren.

Allen Lesern wünsche ich, daß das Tiefmuskel-Entspannungs-Training zu einem Bestandteil ihres Lebens wird. Erleben Sie, wie durch zunehmende Gelassenheit Ihre Lebensqualität ansteigt.

Literaturhinweise

BRENNER, H.: Autogenes Training – Schritt für Schritt, Humboldt, München, 1978 (ht 336)

BRENNER, H.: Tiefmuskel-Entspannungs-Training, Übungsanleitung auf Toncassette, Eigenverlag, Bad Salzuflen, 1984 (vgl. S. 49)

BRENNER, H.: Blut-Hochdruck, O. Müller, Salzburg, 1984

BUCHMANN, K.-E.: Nimm Dein Schicksal in die Hand, Herder, Freiburg, 1982 (H 948)

BUCHMANN, K.-E.: Lebe jetzt, Herder, Freiburg, 1984 (H 1120)

BÜHLER, C.: Wenn das Leben gelingen soll, Knaur, München, 1972 (K 276)

BUSCAGLIA, L.: Leben – Lieben – Lernen, Goldmann, München, 1984 (G 14002)

CASRIEL, D.: Die Wiederentdeckung des Gefühls, Goldmann, München, 1977 (G 11118)

DYER, W.: Der wunde Punkt – Die Kunst, nicht unglücklich zu sein, Rowohlt, Reinbek, 1980 (rororo 7384)

FLACH, F.: Depression als Lebenschance, Rowohlt, Reinbek, 1978 (rororo 7168)

FROMM, E.: Haben oder Sein – Die seelischen Grundlagen einer neuen Gesellschaft, dtv, München, 1979 (dtv 1490)

GEBA, B.: Das Atembuch, Parallel, Berlin, 1976

GENDLIN, E.: Focusing – Technik der Selbsthilfe bei der Lösung persönlicher Probleme, Müller, Salzburg, 1981

GORDON, TH.: Familienkonferenz, Rowohlt, Reinbek, 1980 (rororo 7347)

HALDER, P.: Verhaltenstherapie, Kohlhammer, Stuttgart, 1973 (UT 167)

HARRIS, TH.: Ich bin o.k. – Du bist o.k., Rowohlt, Reinbek, 1976 (rororo 6916)

HENNENHOFER, G./HEIL, K. D.: Angst überwinden, Rowohlt, Reinbek, 1975 (rororo 6939)

HEUSER, E.: So funktioniert mein Körper, dtv, München, 1980 (dtv 7918)

ILLICH, I.: Die Nemesis der Medizin – Von den Grenzen des Gesundheitswesens, Rowohlt, Reinbek, 1977

JULI, D./ENGELBRECHT-GREVE, M.: Streßverhalten ändern lernen, Rowohlt, Reinbek, 1978 (rororo 7193)

JUNGK, R.: Der Atomstaat – Vom Fortschritt in die Unmenschlichkeit, Rowohlt, Reinbek, 1979 (rororo 7288)

KAST, V.: Trauern, Kreuz, Stuttgart, 1982

KOCH, P./OLTMANNS, R.: Die Würde des Menschen, Goldmann, München, 1979 (G 11231)

KRAUSE, G.: Positiver Denken, Rowohlt, Reinbek, 1985 (rororo 7952)

KÜBLER-ROSS, E.: Reif werden zum Tode, Siebenstern, Gütersloh, 1981 (GTB 1023)

Langbein, K. u.a.: Bittere Pillen, Kiepenheuer & Witsch, Köln, 1985

Lazarus, A./Fay, A.: Ich kann, wenn ich will – Anleitung zur psychologischen Selbsthilfe, Klett-Cotta, Stuttgart, 1978

Leibold, G.: Depressionen vorbeugen–lindern–heilen, Humboldt, München, 1982 (ht 431)

Leibold, G.: Guter Schlaf – gute Nerven, Humboldt, München, 1979 (ht 354)

Leibold, G.: Streß vermeiden + abbauen, Humboldt, München, 1983 (ht 452)

Leibold, G.: Taschenlexikon der Naturheilkunde, Humboldt, München, 1981 (ht 410)

Lewinsohn, P.: Der Weg zum seelischen Gleichgewicht. – Depressionen erkennen, überwinden, vermeiden, Müller, Salzburg, 1982

Lowen, A.: Bio-Energetik, Rowohlt, Reinbek, 1979 (rororo 7233)

Miller, D.: Bodymind – Ein ganzheitliches Gesundheitsbuch, Ki-Buch, Berlin, 1978

Moody, R.: Leben nach dem Tod, Rowohlt, Reinbek, 1978

Reich, W.: Charakteranalyse, Fischer, Frankfurt, 1970 (F 6191)

Richter, H. E.: Flüchten oder Standhalten, Rowohlt, Reinbek, 1980 (rororo 7308)

Rihs-Middel, M.: Den Alltagsstreß gelassen meistern, O. Müller, Salzburg, 1985

de Saint-Exupéry, A.: Dem Leben einen Sinn geben, dtv, München, 1962 (dtv 86)

Satir, V.: Selbstwert und Kommunikation, Pfeiffer, München, 1975

Schwarz, R.: Frei von Kopfschmerz und Migräne, Heyne, München, 1978 (H 4592)

STAHLMANN, R.: Geheimnis Psychosomatik – Wenn die Seele leidet, wird der Körper krank, Kindler, München, 1979

TAUSCH, A.-M.: Gespräche gegen die Angst, Rowohlt, Reinbek, 1981

THUMSHIRN, W.: Jeder kann für sich was tun, Goldmann, München, 1980 (G 10847)

VESTER, F.: Phänomen Streß, Deutscher Taschenbuchverlag, München, 1978 (dtv 1396)

WAGNER, A.: Gesund sein – gesund bleiben, Büchner, Hamburg, 1979

WALLNÖFER, H.: Besser als tausend Pillen, Rowohlt, Reinbek, 1979 (rororo 6152)

WEYEL, G.: Der richtige Umgang mit Arzneimitteln, Heyne, München, 1980 (H 4682)

Fachausdrücke

Adrenalin: Hormon der Nebenniere

Autogenes Training: Entspannungs-Training, bei dem mit Hilfe von ständig wiederholten autosuggestiven Wortformeln Körper- und Gesamtentspannung gelernt wird

Autosuggestion: Selbstbeeinflussung

Bizeps: Beugemuskeln des Oberarms

Desensibilisierung: Schrittweise Aufhebung der angstbesetzten Überempfindlichkeit gegenüber bestimmten Situationen, Objekten oder Personen

Emotion: Gefühl, Gefühlsäußerung

Generalisierung: Ausbreitung, Verallgemeinerung

Hypochondrie: Überbewertung von körperlichen Mißempfindungen mit autosuggestiver Verstärkung der Mißempfindungen

Klient: Patient mit Selbstverantwortung und Eigeninitiative

Neurose: Psychische Störung bzw. Fehlfunktion infolge von fehlverarbeiteten Konflikten

Phobie: Auf Objekte, Personen oder Situationen bezogene unangemessene Angst, die mit psychovegetativen Symptomen verbunden ist. Wegen Meidung des ursprünglichen Angstthemas verlagert sich die Angst immer mehr auf äußerliche Objekte oder Situationen

Psyche: Seele, Lebensprinzip, Gesamtheit der menschlichen Erlebens- und Verhaltensmöglichkeiten

Psychisch: Das Erleben und Verhalten betreffend

Psychosomatisch: Mit Erleben und Verhalten zusammenhängende körperliche Funktionen und Reaktionen

Psychotherapie: Behandlung seelischer Störungen mit psychologischen Methoden und Hilfe zur Selbsthilfe

Psychovegetativ: Mit Erleben und Verhalten zusammenhängende nervliche Funktionen und körperliche Reaktionen

Streß: Subjektiv erlebte Überbelastung, die sich auch körperlich als Anspannung äußert.

Symptom: Hinweis auf eine Gesundheitsstörung oder Krankheit

Syndrom: Typisches Zusammenwirken verschiedener Symptome

Vegetatives Nervensystem: Unwillkürliches Nervensystem oder Lebensnervensystem. Der aktivierende Anteil wird Sympathikus genannt, der beruhigende Anteil Parasympathikus.

Verhaltenstherapie: Psychotherapiemethode, die menschliche Leiden auf fehlgeleitete Lernprozesse zurückführt. Unter aktiver Mitarbeit des Klienten werden neue Verhaltensweisen gelernt und Fehleinstellungen verändert.

Namenverzeichnis

Register